Werner Lachmann

Leben wir auf Kosten der Dritten Welt?

R. BROCKHAUS VERLAG WUPPERTAL

Die THEOLOGISCHE VERLAGSGEMEINSCHAFT (TVG)
ist eine Arbeitsgemeinschaft
der Verlage R. Brockhaus Wuppertal und Brunnen Gießen.
Sie hat das Ziel, schriftgemäße theologische Arbeiten
zu veröffentlichen.

CIP-Kurztitelaufnahme der Deutschen Bibliothek

Lachmann, Werner:
Leben wir auf Kosten der Dritten Welt?
Werner Lachmann. – Wuppertal: Brockhaus, 1986
   (TVG: Allgemeine Reihe)

©1986 R. Brockhaus Verlag Wuppertal
Umschlaggestaltung: Carsten Buschke, Leichlingen 2
Umschlagfoto: Masterfile – ZEFA, Düsseldorf
Gesamtherstellung: Breklumer Druckerei Manfred Siegel KG
ISBN 3-417-29520-3

*Sich anstrengen, um klar zu denken,
ist der Anfang moralischen Verhaltens.*

Blaise Pascal

INHALT

Vorwort 7
Lageskizze der Ungleichheit in dieser Welt 9
Kirchliche Stellungnahmen zur Ursache der Unter-
entwicklung 11
Abhängigkeit als Ursachenerklärung der Unter-
entwicklung 14
Kolonialismus – Abhängigkeit – Unterentwicklung 17
Imperialismus- und Abhängigkeitstheorien als
Dateninterpretation 20
Eigenschaften der Abhängigkeitstheorien 22
   Totalität 22
   Dichotomie 23
   Determinismus 24
Kritik an den marxistischen Abhängigkeitstheorien 24
   Selektiver Umgang mit Fakten 25
   Die Tautologie 26
Praxisferne und Reformfeindlichkeit 27
Erfolgschancen der Abkoppelungsstrategie 28
Eine Bemerkung zur Kolonialpolitik 30
Die Frage nach den gerechten Preisen 31
   Exkurs: Der gerechte Preis und die Objektivierung
   ökomenischen Verhaltens 38
Exportkulturen versus Nahrungskulturen 40
   Exkurs: Das food stamp-Programm von Sri Lanka 47
Die Rolle der transnationalen Konzerne 52
   Vorteile 53
   Nachteile 54
Handelsbeschränkungen behindern den Entwicklungs-
prozeß 57
Der Aufruf, zum einfachen Leben zurückzukehren 58
Es geht um die Struktur unserer Wirtschaft 60
   Exkurs: Reichtum, Besitz, Evangelium und
   Entwicklungshilfe 62

Nahrungsmittelhilfe, Verbrechen an zukünftigen Generationen der Entwicklungsländer?	69
Indirekte Nahrungsmittelhilfe durch ein »Welt-Lebensmittelgeld-Programm«	77
Verschuldung der Entwicklungsländer, Schuldenerlaß, … und biblische Sicht	80
Kredit oder Zuschuß?	85
Leben wir wirklich nicht auf Kosten der Dritten Welt?	89
Viele Programme scheitern am Menschen	93
Entwicklung muß von innen kommen	96
Die Bedeutung des wirtschaftlichen Systems	99
Der moralische Hintergrund des wirtschaftlichen Systems	101
Ergänzende biblische Bemerkungen zur Entwicklungshilfe	103
Nochmals die Schuldfrage	108
Unser Mangel an geistlicher Erkenntnis	110
Eine Warnung – auch an uns	116
Anmerkungen	119
Glossar	124

VORWORT

Fast 25 % der Weltbevölkerung – hauptsächlich in der Dritten und Vierten Welt, der ärmsten aller Welten; konzentriert – hungert. Ungefähr 17 Mio. Kinder verhungern jährlich; jede Stunde sterben also fast 2000 Kinder an den Folgen der Unterernährung: Jeden Tag eine kleine Stadt von fast 50000 Kindern. In der Welt werden jedoch genug Nahrungsmittel produziert; es besteht kein zwingender Grund, daß der Hunger bleibt. Die Lebensmittel müßten nur gerechter verteilt werden. Leider ist aber die Einkommens- und Vermögensverteilung in dieser Welt äußerst ungleich. Man kann unsere Welt gewissermaßen in zwei ungleiche Bereiche aufteilen: Die reiche (die aus der Ersten und Zweiten Welt besteht) und die arme Hälfte (der Dritten und Vierten Welt). Dabei wohnen in der armen Hälfte, in den Entwicklungsländern, drei Viertel der Weltbevölkerung, die aber nur ein Viertel des Welteinkommens verdienen. In den 19 marktwirtschaftlichen Industriestaaten wohnt dagegen nur ein Siebtel der Weltbevölkerung, das jedoch zwei Drittel des Welteinkommens für sich beansprucht. Diese ungleiche Verteilung des Reichtums wird von vielen verständlicherweise als ungerecht empfunden. Dabei ist die Armut in der Dritten und Vierten Welt nicht nur quantitativ, sondern auch qualitativ anders als in den Industriestaaten. Es herrscht in den Entwicklungsländern eine beispiellose Massenarmut, die einer Verletzung der Menschenwürde gleichkommt.

In diesem Buch wollen wir uns nun mit einigen Äußerungen beschäftigen, die von den Medien (und manchmal auch Kanzeln) auf uns einprasseln, verhältnismäßig große Wirkungen im Denken der Adressaten erzielen und dennoch einer kritischen und sachgemäßen Prüfung häufig nicht standhalten, nichts desto trotz aber fleißig weiter kolportiert werden. Es wird nämlich immer wieder behauptet, der reiche Westen sei an der Armut der Dritten Welt schuld. Begründet wird diese Schuldzuweisung mit der Abhängigkeit der Entwicklungsländer von den Industriestaaten, mit dem Kolonialismus, den ungerechten Weltmarktpreisen, der Politik der transnationalen Konzerne, unseren Importen von Nahrungsmitteln aus der Dritten Welt und auch mit unserem überhöhten Verbrauch der natürlichen Ressourcen dieser Erde, um nur die wichtigsten Punkte zu nennen. Auf diese Vorwürfe müssen wir eine Antwort geben können, die entweder in der Korrektur des eigenen Handelns oder in der Zurückweisung und Richtigstellung der Vorwürfe bestehen müßte. Deshalb ist es notwendig, näher auf sie einzugehen. Ferner muß auch gefragt werden, wie es bei uns zu einer wirtschaftlichen Entwicklung kam, und es wäre dann zu überprüfen, ob wir nicht in einem viel tieferen Sinne an der Dritten Welt schuldig geworden sind, weil wir ihnen dieses »Geheimnis« unserer wirtschaftlichen Entwicklung nicht anvertraut haben.

Lageskizze der Ungleichheit in dieser Welt

Nur ein Drittel der 5 Mrd. Einwohner dieser Erde haben genug zu essen, reichlich Kleidung und erfreuen sich einer guten medizinischen Versorgung. Die anderen zwei Drittel haben nicht genug zu essen, keine zureichenden Unterkünfte, können kaum schreiben und lesen, sind oft arbeitslos und krank und haben eine geringe Lebenserwartung.

In der Bundesrepublik etwa finden wir eine Durchschnittsfamilie mit zwei Kindern, die zwischen 50000 und 80000 DM verdient. Sie hat ein kleines Reihenhaus, beide Kinder gehen zur Schule und haben die Chance zu studieren. In der Familie gibt es zwei Autos und zwei Fernseher; der Tisch ist täglich (zu) reichlich gedeckt mit Speisen, die zu einem großen Teil aus dem Ausland kommen; Kiwis von Neuseeland, Äpfel aus Argentinien, Tomaten aus Marokko, Orangen aus Südafrika und Thunfisch aus Korea. Die Kinder haben Fahrräder, die in Italien hergestellt wurden; in der Einbauküche finden sich viele elektrische Geräte, die teilweise aus den USA, Großbritannien oder Japan stammen. Das kollektive Versicherungssystem sichert die Familie gegen Krankheit und Zeiten der Arbeitslosigkeit. Allem Anschein nach geht es dieser Durchschnittsfamilie gut.

Wie anders ist die Situation in Afrika. Auf trockenem und unfruchtbarem Land stehen einige Rundhütten. Zwei bis drei strohbedeckte Rundhütten gehören zusammen; um sie sieht man einige Bananenstauden und etwas Mais und Gemüse angebaut. In jeder Hüttengruppe lebt eine Großfamilie. Mehrere Kinder sind zu sehen. Es gibt keine Straßen, keine Schulen, keine Krankenstationen, keine Elektrizität und auch kein frisches Wasser. Die Menschen leiden an Wurmkrankheiten und Malaria. Ihre Lebenserwartung beträgt 44 Jahre; die Säuglings- und Kindersterblichkeit ist hoch. Die hier vorhandene Armut wird generationenweise weitergegeben. Es gibt keine Arbeitsmöglichkeiten; einige aktive Mitglieder dieses Kral-Verbandes mögen sich in der 100 km entfernten Stadt um Arbeitsplätze bemühen, um diesem

Subsistenzsektor zu entkommen. Aber auch dort erwartet sie Armut, Krankheit und Arbeitslosigkeit.

Betrachten wir noch ein lateinamerikanisches Entwicklungsland, so müssen wir zusätzlich noch die hohe Ungleichheit des Vermögens feststellen. Eine kleine Oberschicht lebt wie die europäische Durchschnittsfamilie. Oft nicht weit davon entfernt gibt es erbärmliche Armut. Beobachten wir solch ein mit Stroh bedecktes Ein-Zimmer-Haus, so sehen wir einen Fußboden aus Sand, einen Hocker, ein Eisengitter als Holzkohleofen und vier Pritschen, auf denen Säcke liegen, die teilweise mit Stroh gefüllt sind. Sie stellen das einzige Mobiliar dar. In der Ecke kann man, nackt und bewegungslos, auf einer kleinen Matte dreijährige Zwillinge sehen, die in der Endphase ihres Todeskampfes liegen. Unterernährung heißt der Mörder. Ihre Gehirne sind durch Auszehrung bereits im Zerfall begriffen, eine der schweren Folgen der Unterernährung. So kommt es, daß ein Kind zu seiner Mutter sagen kann: Mama, verkauf mich an Dona Julita, bei ihr gibt es herrliches Essen!

Wer diesen Hunger gesehen hat und das damit verbundene unsagbare Leid, kann nicht neutral bleiben. »Angesichts aller Armut und allen Elends in dieser Welt, gehört wahrlich eine dicke Haut dazu, unbeschwert reich sein zu können!«, sagte einst der Inder I. Krishnamurti in seinen Tagebüchern.

So wie die Überwindung der nationalen Armut die soziale Frage des 19. Jahrhundert war, so ist die Überwindung der internationalen Armut mit ihrem untragbaren Vermögensgefälle die soziale Aufgabe dieses 20. Jahrhunderts. Wie damals ist auch heute für die Überwindung der Armut ein ganzes Engagement notwendig. Allerdings existiert hier ein großes Spannungsfeld. Die Diskussion wird nicht sachlich geführt (diskutieren Sie mal über den Hunger sachlich!), sondern sehr stark emotional, zumindest dort, wo die Tragweite dieser Not und Problematik erkannt worden ist.

So ist verständlich, daß nicht nur nach dem »Wieso?« gefragt wird, sondern auch nach der Schuld. Sind die Industrieländer nicht die Verantwortlichen der Misere in den Entwicklungslän-

dern? Hat die koloniale Ausbeutung nicht zu dieser »Apartheid der Entwicklung« beigetragen? Ist die jetzt herrschende internationale Weltwirtschaftsordnung nicht nur eine Fortsetzung des Kolonialismus? Gerade in den kirchlichen Publikationen wie auch in vielen intellektuellen Kreisen wird der westlichen Welt die Schuld an diesem Einkommensgefälle zugeschrieben: Wir leben auf Kosten der Dritten Welt!
Wie wird dies begründet?

Kirchliche Stellungnahmen zur Ursache der Unterentwicklung

In dem Arbeitsheft von »Brot für die Welt« zum Jahresthema 1981/82 mit dem Titel: *»Hunger durch Überfluß?«* heißt es anklagend auf der Titelseite (in Anlehnung an Mt. 25,24 f.):
  Ich war hungrig, und Ihr habt meine Nahrungsmittel Eurem Vieh verfüttert.
  Ich war hungrig, und Eure Konzerne pflanzten auf meine besten Böden Eure Wintertomaten.
  Ich war hungrig, und Ihr wolltet nicht auf das Steak aus Südamerika verzichten.
  Ich war hungrig, aber wo Reis für meine tägliche Mahlzeit wachsen könnte, wird Tee für Euch angebaut.
  Ich war hungrig, aber Ihr habt aus Zuckerrohr und Maniok Treibstoff für Eure Autos destilliert.
  Ich war hungrig, aber die Abwässer Eurer Fabriken vergiften die Fischgründe.
  Ich war hungrig, aber mit Eurem Geld habt Ihr mir die Nahrungsmittel weggekauft.
  Ich war hungrig, aber für Eure Schlemmer werden exotische Früchte auf meinem Land angebaut.
  Ich war hungrig, aber Ihr habt mir nicht zu essen gegeben.

Für die Mitarbeiter von »Brot für die Welt« ist die Antwort auf unsere Frage, ob wir auf Kosten der Dritten Welt leben, klar: *Wir* leben auf Kosten der Dritten Welt! Unser Überfluß führt zu ihrem Mangel! So denken viele engagierte Menschen: Wir in den Industrieländern sind schuld am Hunger der Dritten und Vierten Welt.

In einer Mitteilung des Evangelischen Pressedienstes (Nr. 110 vom Juni 1984) heißt es: »Die Armut in der Dritten Welt ist keine ›katastrophale Mangelsituation‹, sondern eine Folge ungerechter Strukturen.« Der Botschafter Nigerias bei der EG sagte bei einer Konferenz der EG zur Ernährungslage:

»Westafrika konnte sich früher mit Nahrungsmitteln selbst versorgen und ist jetzt in steigendem Maße von Lieferungen aus dem Ausland abhängig. Diese Abhängigkeit von ausländischen Nahrungsmitteln liegt nicht nur am Wachstum der Bevölkerung und an den verschlechterten Umweltbedingungen. Vielmehr ist es eine Folge der Eingliederung Afrikas in das Weltwirtschaftssystem. Afrikas Beitrag für dieses internationale Wirtschaftssystem besteht darin, Rohprodukte für den Export zu produzieren, wie Kaffee, Tee, Baumwolle, Erdnüsse und Leder, während Grundnahrungsmittel wie Weizen, Reis, Fleisch und Fisch eingeführt werden müssen, weil Afrika sie nicht mehr selbst produziert.«[1]

Diese Erklärung ist typisch für einen bestimmten Erklärungsansatz, den wir noch aufgreifen werden. Die Ursache wird nicht in der nationalen Wirtschaftspolitik gesucht, sondern in ungerechten internationalen Strukturen gefunden.

Und der Theologe Helmut Gollwitzer sagte kürzlich vor der Synode der Evangelischen Landeskirche in Württemberg[2]:

»Wer zum Herrenvolk gehörte, als Weißer geboren war, hatte den Vorteil. Über der Geschichte des europäischen Kolonialismus der christlichen europäischen Völker, wie uns jetzt die Kirchen aus der Dritten Welt ständig vorhalten, steht das Wort des Elias zu Ahab: Du hast totgeschlagen und in Besitz genommen« (1. Kön. 21,19).

Er behauptet weiter, unser Wohlstand habe »... zu seiner Kehrseite das Elend der Dritten Welt und die psychische Verelendung bei uns« (S. 94).

Auch in den päpstlichen Enzykliken – *populorum progressio* und *octogesima adveniens* – wird die Ungleichheit zwischen Nord und Süd beklagt und dem reichen Norden Schuld an der Armut des Südens auferlegt.

Der Generalsekretär der lateinamerikanischen Bischofskonferenz sagte kürzlich[3]:

»The United States and Canada are rich, because the peoples of Latin America are poor. They have built their wealth on top of us.«

In diesem Zusammenhang werden auch die transnationalen Konzerne beschuldigt, die Entwicklungsländer wirtschaftlich auszubeuten. Die Frage nach der Ursache der Armut wird kaum noch gestellt; es wird unreflektiert akzeptiert, daß der Reiche zu Lasten des Armen reich geworden ist. So sagte Dr. Julius Nyerere, der Präsident von Tansania, kürzlich in London:

»In one world, as in one state, when I am rich, because you are poor and I am poor because you are rich, the transfer of wealth from the rich to the poor is a matter of right; it is not an appropiate matter for charity. ... If the rich nations go on getting richer and richer at the expense of the poor, the poor of the world must demand a change in the same way as the proletariate in the rich countries demanded a change in the past.«[4]

In dem Memorandum der gemeinsamen Konferenz der Kirchen für Entwicklungsfragen »*Soziale Gerechtigkeit und internationale Wirtschaftsordnung*« wird ebenfalls in diese Richtung argumentiert. In dieser Schrift heißt es, daß die Kirchen in den Überflußgesellschaften sich zum Anwalt der Ärmsten machen müssen und für die Beseitigung der Ungerechtigkeit mit Nachdruck eintreten sollen. Da steht ferner, daß die Güter der Erde allen gehören, daß die menschliche Solidarität nicht teilbar ist.

»Der Glaube an die Erneuerung durch den Heiligen Geist und die Hoffnung auf das kommende Reich Gottes, macht sie frei, sich mit den bestehenden Machtverhältnissen nicht abzufinden, sondern mutige Schritte der Veränderung um der notleidenden Menschen willen zu tun« (S. 197).[5]

In ähnlicher Weise hat sich auch die Nord-Süd-Kommission (Brandt-Kommission) in ihrem Bericht »*Das Überleben sichern*«

geäußert. Die Ergebnisse des Kolonialismus sollen nicht zementiert werden; die Entwicklungsländer sollen faire und stabile Preise für ihre Güter erhalten. Es wird auf die gemeinsame Verantwortung von Nord und Süd hingewiesen. Gefordert wird eine Globalisierung der Politik; die Überwindung des Hungers in der Dritten Welt ist ein Teil der »Weltinnenpolitik«.[6] Im Kolonialismus und in der neuen wirtschaftlichen Abhängigkeit (Neokolonialismus) wird die Hauptursache gesehen. Die Überwindung des Nord-Süd-Gefälles erhofft man sich von einer neuen (und gerechteren) Welt-Wirtschaftsordnung (mit planwirtschaftlichen Grundzügen) und durch massive Kapitaltransfers (als Wiedergutmachung) seitens der Industrieländer an die Staaten der Dritten Welt.

Abhängigkeit als Ursachenerklärung der Unterentwicklung

In dem zitierten Arbeitsheft »*Hunger durch Überfluß?*« von »Brot für die Welt« heißt es an mehreren Stellen: »Es begann in der Kolonialzeit.« Bevor die weißen Eroberer kamen, gab es – so wird behauptet – eine ausgewogene Wirtschaftsstruktur, ohne Hunger. Die weißen Eroberer zerstörten die Harmonie. Kräftigere Einwohner wurden zu Sklaven gemacht, eine Kopfsteuer zwang die Bevölkerung, für die Kolonialherren auf deren Plantagen zu arbeiten. So bildete sich eine ungleiche Wirtschaftsstruktur heraus. Die Entwicklungsländer, in der Abhängigkeitstherorie (Dependencia) »Peripherie« genannt, produzieren landwirtschaftliche und mineralische Rohstoffe für die Industrieländer (in diesen Theorien »Metropolen« genannt), die ihnen dafür die Industriegüter liefern. Die begonnene Entwicklung von Handwerk und Industrie konnte in den Entwicklungsländern nicht weitergeführt werden bzw. wurde zerstört. Diese historisch gebildeten Strukturen blieben auch nach der Unabhängigkeit der Kolonien erhalten; ungerechte Preise und die Trägheit bestehender Strukturen erschweren nun einen Entwicklungsprozeß. So wurde der Vorwurf des Neo-Kolonialismus erhoben, der jetzt durch Finanzkapital und die transnationalen Konzerne ausgeübt wird. Einige der Kritiker richten ihre Angriffe auch gegen die Entwicklungshilfe, die ja bestehende Strukturen erhalten und nicht zerstören will.

Es ist zu fragen, ob dieser Vorwurf, der auf der neomarxistischen Imperialismustheorie fußt, gerechtfertigt ist. Dazu vorerst einige Bemerkungen zum Entstehen der Abhängigkeitstheorien, die eine lateinamerikanische Fortsetzung der Imperialismustheorie sind. Das Typische an diesem Erklärungsansatz liegt darin, daß die Ursachen in exogenen Faktoren gesehen werden, d. h. von außen wurde der Entwicklungsprozeß negativ beeinflußt.

Eine der ersten außenhandelstheoretischen Erklärungen der Unterentwicklung finden wir in der Theorie der dominierenden Wirtschaft, die von F. Perroux 1948 entwickelt wurde. Sie wendet sich insbesondere gegen die neoklassische Außenhandelstheorie, die durch den Handel einen Ausgleich der Faktorentlohnung postulierte, der mit einem Anstieg der Weltwohlfahrt verbunden sein soll. Danach sollen von der internationalen Arbeitsteilung alle Teilnehmer profitieren. Das sog. Faktorpreisausgleichstheorem mag nach Perroux für die Beziehungen gleich starker Länder (denen der Industrieländer) adäquat sein, es erklärt jedoch nicht die Wirklichkeit der Beziehungen zwischen Industrieländern und Entwicklungsländern. Perroux postuliert vielmehr asymmetrische und irreversible wirtschaftliche Beziehungen. Begriffe wie Macht, Herrschaft und Zwang werden von ihm in seine Analyse aufgenommen.[7]

Zweitens läßt sich hier die Theorie der peripheren Wirtschaft nennen, die von Prebisch 1949 entwickelt wurde. Er unterteilt die Welt in ein Zentrum (Metropole) und in eine Peripherie (Entwicklungsländer). Zur Unterscheidung werden die verschiedenen Preis- und Einkommenselastizitäten für Primär- und Industriegüter herangezogen: Die Nachfrage nach Rohstoffen steigt beispielsweise langsamer als die nach Industriegütern. Ein wesentliches Kriterium liefert auch die Wirkungsweise des technischen Fortschritts: Produktionszuwächse werden in den Industrieländern internalisiert (durch Lohnerhöhungen), in den Entwicklungsländern werden sie durch Preissenkungen an die Industrieländer weitergegeben, da der Organisationsgrad der Arbeitnehmer in den Entwicklungsländern niedriger ist. Die Arbeitnehmer sind in den Entwicklungsländern schwach oder gar nicht organisiert.

Der neuere Ansatz, der der *Abhängigkeitstheoretiker*, tauchte in den letzten 30 Jahren auf; er gründet sich zusätzlich auf Gedanken der *Imperialismustheorien,* wonach die Unterentwicklung nicht endogen (bspw. wegen mangelnden Kapitals oder einer mangelhaften Sparneigung), sondern exogen bedingt ist (d.h. sie ist von außen verursacht). Der Grund der Unterentwicklung liegt danach in der strukturellen Abhängigkeit der Entwicklungsländer von den Industriestaaten. Die ersten Anfänge beschränken sich auf die wirtschaftliche Abhängigkeit; der Dependenztheoretiker (Dependencia-Schule) sieht den gesamtwirtschaftlichen Entwicklungsprozeß im Zusammenhang mit der existierenden Wirtschaftsordnung. Entwicklung und Unterentwicklung sind nur die beiden Seiten desselben historischen Entwicklungsprozesses im kapitalistischen Weltsystem. Unterentwicklung ist demnach das Produkt des Imperialismus und Neokolonialismus. Sie ist damit kein der Entwicklung vorgelagertes Stadium, das auch die Industrieländer durchlaufen hätten, sondern *das Ergebnis* des Weltkapitalismus.

D. Senghaas[8] greift nun die Gedanken von Perroux und Prebisch auf und verbindet sie mit denen der lateinamerikanischen Dependencia-Theoretiker. Er kommt zu dem Ergebnis, daß es nur durch eine Abkoppelung der Peripherien von den »Metropolen« und damit von dem durch die Industrieländer beherrschten Wirtschaftssystem möglich ist, die strukturelle Abhängigkeit der Entwicklungsländer von den Industrieländern zu überwinden. Nur durch solch eine Abkoppelung komme es zu einer eigenständigen Entwicklung. Die Abhängigkeitstheoretiker untermauern ihre These durch sehr beeindruckende historische Fakten.[9]

Wir wollen nun zuerst einige dieser Fakten kennenlernen, dann nach ihrer Deutung fragen und diese Deutung sodann kritisch beleuchten. Abschließend sollen noch einige ökonomische Bemerkungen zur Wirtschaftspolitik der Kolonialmächte folgen.

Kolonialismus – Abhängigkeit – Unterentwicklung

Von einigen wenigen Ausnahmen abgesehen (Äthiopien, Liberia, Birma) waren alle Entwicklungsländer einmal Kolonien. Sie wurden von den europäischen Kolonialmächten erobert, verwaltet, teilweise besiedelt und auch ausgebeutet. Obgleich schwächere Völker immer von militärisch stärkeren ausgenutzt und unterdrückt wurden[10], es also Kolonialismus immer schon gegeben hatte, findet der Kolonialismus der westeuropäischen Staaten zwischen dem 16. und 20. Jahrhundert das auschließliche Interesse, und es muß zugegeben werden, daß diese Epoche des Kolonialismus besonders ausgeprägt war, daß fast der gesamte Erdball während dieser Zeit in ein Abhängigkeitsverhältnis zu Europa gebracht wurde.

Die Formen des Kolonialismus waren unterschiedlich: Die Kolonie konnte als Teil des Mutterlandes angesehen werden, wie es Portugal mit Brasilien und Frankreich mit Algerien machte; Handelsverträge konnten erpreßt werden, was in China der Fall war; über sog. unzivilisierte Völker wurde eine paternalistische Vormundschaft ausgeübt, was die Belgier, Briten, Deutschen und Franzosen in Afrika vornehmlich taten.

Alle Formen kolonialer Ausbeutung brachten diesen Völkern einen Kulturschock[11], von dem sie sich bis heute nicht erholt haben. Wer die Filmfolge »Roots« gesehen hat, vermag sich vorzustellen, welch tiefen Einschnitt der Sklavenhandel in das soziale Leben afrikanischer Völker bedeutete. In Südamerika starben ganze Völker an von Europäern eingeschleppten Krankheiten. Durch erzwungene Tuchimporte aus England wurde in Indien ein blühendes Textilhandwerk vernichtet. In vielen Kolonien Asiens und Afrikas erhoben die Kolonialherren eine Steuer, um Arbeitskräfte zu rekrutieren. Die unterdrückten Völker wehrten sich nämlich gegen eine Integration in das Wirtschaftssystem ihrer Eroberer. Im Gefolge dieser Steuer entstand eine Schicht von Wanderarbeitern, was zu einer enormen Erschütterung der traditionellen Großfamilien dieser Länder führte.

Keines der Völker mit kolonialer Erfahrung wird sich jemals völlig selbständig entwickeln können. Handwerk, Handel, Landwirtschaft und Kultur, ja selbst die Sprache, werden sich nicht so entfalten können, wie es ohne die koloniale Vergangenheit der Fall gewesen wäre. Je tiefgreifender die erfahrene Deformierung, desto stärker der Haß und der Versuch, das koloniale Erbe abzuschütteln. So ist es zu verstehen, daß die afrikanischen Staaten mit dem Wirtschaftssystem ihrer ehemaligen Herren nicht viel anzufangen im Sinn hatten; es darf nicht verwundern, daß sie sich sehr offen für das konkurrierende System des Sozialismus entschieden.

Im Zuge der Kolonialisierung entstand im 19. Jahrhundert die klassische Arbeitsteilung zwischen den rohstoffreichen Gebieten in Übersee und den sich industrialisierenden europäischen Staaten. Läßt sich nun daraus folgern, daß das Vereinigte Königreich und die anderen europäischen Industrieländer nur deshalb zur Industrialisierung kamen, weil sie die Kolonien besaßen?

Mit Hilfe einer historischen Überprüfung können wir feststellen, daß die Industrialisierung vornehmlich interne Ursachen hatte. Dazu gehörten die Erfindung der Dampfmaschine und des mechanischen Webstuhls, des Kunstdüngers, der Eisenbahnen, ein verbessertes Finanzsystem usw. Dazu gehörte aber auch die damalige Schwäche des Feudalsystems. Wo diese internen Ursachen nicht vorlagen, kam es trotz großer Kolonialreiche nicht zu einer Industrialisierung, wie aus den Beispielen Portugal und Spanien deutlich wird. Selbstverständlich haben die gesicherte Rohstoffversorgung und die gesicherten Absatzmärkte die Industrialisierung erleichtert. Im Laufe der Entwicklung paßten sich dann die ökonomischen Strukturen der Kolonien den europäischen »Metropolen« an. Man spricht in diesem Zusammenhang von einer Kontraststruktur.

Selbst nach der politischen Befreiung wurde anfänglich keine Industrialisierung angestrebt. Die traditionelle Führungsschicht in den Entwicklungsländern verdankte ja ihre Stellung der Zusammenarbeit mit den ehemaligen Kolonialherren. Ihnen lag demzufolge an einem ungestörten Verhältnis zu den Industriestaaten. Die Konzentration auf die Rohstoffproduktion bei Verzicht auf eine Industrialisierung schien der sicherste Weg zur Erhaltung ihrer Macht und der für sie profitablen Wirtschaftsbeziehungen zu sein. So weigerte sich noch in den 30er Jahren die Führungsschicht Argentiniens, Importzölle für britische Textilien zu erheben, da sie um den Verlust ihrer Exportmärkte für landwirtschaftliche Produkte bangte.

Erst durch den 1. Weltkrieg und die Weltwirtschaftskrise bedingt, versuchten insbesondere die Länder Lateinamerikas eine Industrialisierung, mit Hilfe der Importsubstitution.[12] Sie waren nämlich durch den 1. Weltkrieg von ihren Absatz- und Einkaufsmärkten abgeschnitten worden. Die Mehrzahl der anderen Entwicklungsländer begann erst nach dem 2. Weltkrieg mit Industrialisierungsmaßnahmen. Wegen der ungleichen Einkommensverteilung wurden zuerst Luxusgüter für die Ober- und Mittelschicht produziert. Die Enge der Märkte ließ jedoch keine Wachstumsimpulse zu. Da man sich der in hohem Maße kapitalintensiven westlichen Technologie bediente, trat keine Steigerung der Massenkaufkraft ein. Wegen der Vernachlässigung der Landwirtschaft kam es zusätzlich zu einer Verschlechterung der Ernährungssituation. Außerdem waren die Rohstoffeinnahmen gering, das Bevölkerungswachstum hoch und die Industrieexporte niedrig, was auf Qualitätsprobleme ihrer Erzeugnisse und auch auf die protektionistische Handelspolitik der Industrieländer zurückzuführen ist. Zusätzlich stieg der Einfluß der transnationalen Konzerne (TNK), die z.T. durch Steuervergünstigungen seitens der Entwicklungsländer ins Land gelockt wurden.

Als Ergebnis all dieser Entwicklungen finden wir eine hohe Arbeitslosigkeit, Unterbeschäftigung, eine ungleiche Einkommensverteilung und einen hohen Anteil der transnationalen Konzerne an den Produktionskapazitäten der Entwicklungsländer. Im modernen industriellen Sektor werden hohe Löhne für die Beschäftigten gezahlt; im Subsistenzbereich – der Landwirtschaft und im informellen Sektor der Städte sind die Einkommen sehr gering. Man spricht hier von einer »Arbeiteraristokratie« der im modernen Sektor Beschäftigten. Dazu kommt eine ständig steigende Auslandsverschuldung mit der daraus resultierenden finanziellen Abhängigkeit.

Wir nannten Fakten zum Kolonialismus, zur geschichtlichen Entwicklung der Abhängigkeit und zur Unterentwicklung der Länder in der Dritten Welt. Auswirkungen dieser Fakten sind bis zum heutigen Tage in den Entwicklungsländern zu erkennen. Die Lage der Entwicklungsländer ist hier natürlich pauschal und verkürzt wiedergegeben worden; auf die Situation einzelner Länder konnte nicht eingegangen werden. Die von mir genannten Punkte treffen jedoch auf fast alle Länder zu.

Diese genannten Tatsachen müssen wir in einer Theorie miteinander in Beziehung setzen. Diese Theorie soll dann eine Deutung der Tatsachen ermöglichen. Das Deutungssystem, dessen wir uns bedienen, soll die Imperialismus- und Abhängigkeitstheorie sein.[13]

Imperialismus- und Abhängigkeitstheorien als Dateninterpretation

Selbst Karl Marx hat den Expansionsdrang des Kapitalismus positiv gedeutet, da sich dadurch die Produktivkräfte weiterentwickeln konnten. Natürlich war für ihn der Kapitalismus nur ein Zwischenstadium. Eine romantische Verklärung urwüchsiger Naturgesellschaften, wie wir dies heute oft bei Studenten und Kritikern der Nord-Süd-Szene beobachten, war ihm fremd. Allerdings hat Karl Marx in seinem Werk sich nicht mit den Gegebenheiten in den Entwicklungsländern beschäftigt. Seine Geschichtsphilosophie mußte von anderen weiterentwickelt werden.[14]

Zu diesen Weiterentwicklungen gehört die Imperialismustheorie von Rosa Luxemburg und Rudolf Hilferding. Gemäß der Marx'schen These droht das kapitalistische System bekanntlich an seinen eigenen Widersprüchen zugrunde zu gehen. Die organische Zusammensetzung des Kapitals verändert sich nämlich ständig zugunsten des konstanten Kapitals; Mehrwert und Profitrate sinken.[15] Die Kapitalisten sinnen deshalb auf einen Ausweg und finden ihn in den Kapital- und Warenexporten in die unterentwickelten Regionen. Hiermit wird der Verfall der Profitrate verzögert, der Kapitalismus läßt sich als Wirtschaftsordnung aufrechterhalten. Nach Lenin ist demnach der Imperialismus die höchste Form des Kapitalismus vor seinem Zusammenbruch.

Diese eurozentrische Deutung der Imperialismustheorie wird überwunden von den *Abhängigkeitstheorien*, die in letzter Zeit von lateinamerikanischen Sozialwissenschaftlern entworfen wurden. Sie lassen sich in gewisser Weise als Umkehrung der Imperialismustheorien deuten. Die Entwicklungsländer bleiben nun nicht mehr eine Randerscheinung des Weltkapitalismus, sondern werden zum eigentlichen Untersuchungsobjekt. Doch bleiben in diesen Theorien die Entwicklungsländer in das kapitalistische Weltsystem integriert. Sie sind insbesondere in ein weltumspannendes Herrschafts- und Ausbeutungsverhältnis einbezogen, wodurch eine autozentrierte (d.h. eigenständige) Entwicklung unmöglich wird. Entwicklung kann demnach nur insoweit stattfinden, als sie den Profitinteressen der »Metropolen« dient. Die Führungselite der Entwicklungsländer – sie wird *Compradoren-Bourgeoisie* genannt – macht dabei gemeinsame Sache mit den »Metropolen«.

Die interne Machtstruktur der Entwicklungsländer und ihre Weltmarktverflechtung machen somit eine sozial ausgeglichene Entwicklung unmöglich. Nur in einer Abkoppelung von diesem weltweiten System des Kapitalismus kann die Lösung liegen. Die Abhängigkeitstheorien, als Weiterentwicklung marxistischer Imperialismustheorien verstanden, zeichnen sich nun durch drei Eigenschaften aus: durch eine Totalität, eine Dichotomie und einen Determinismus ihres Erklärungsansatzes.[16]

Eigenschaften der Abhängigkeitstheorien

Totalität

Nach marxistischem Denken können ökonomische Zusammenhänge nicht als Einzelphänomene verstanden werden. Der untersuchte ökonomische Sachverhalt muß von seiner Zuordnung zur geschichtlichen Dialektik her beurteilt werden. Dieser wird im historischen Materialismus gesehen (Histomat). Die zwei möglichen Denkweisen sollen an einem Beispiel illustriert werden.

Ein transnationaler Konzern richtet in einem Entwicklungsland eine Produktionsstätte zur Herstellung tropischer Säfte ein. Diesen Vorgang wollen wir 1. klassisch-ökonomisch und 2. im Sinne der Abhängigkeitstheorie beurteilen.

1. Die klassisch-ökonomische Beurteilung: Durch diese Investitionen des Konzerns werden in dem Entwicklungsland Arbeitsplätze geschaffen; einheimische Landwirte erhalten dadurch eine Beschäftigung, da die Absatzmöglichkeiten für ihre Produkte gesichert sind. Die städtische Bevölkerung wird mit Nahrungsmitteln versorgt. Durch einen späteren Export können auch Devisen erwirtschaftet werden, die die Regierung zur Forcierung des Entwicklungsprozesses einsetzen kann. Die Entscheidung des transnationalen Konzerns kann durch niedrige Löhne, günstige Kredite oder auch eine sichere Verfügbarkeit über die landwirtschaftlichen Rohstoffe bedingt gewesen sein. Da angenommen wird, daß der Handel freiwillig geschieht, werden alle Beteiligten nach Anlauf der Produktion besser gestellt sein als vorher. In der klassisch-ökonomischen Analyse werden also hauptsächlich die positiven Einzelmaßnahmen und Folgen genannt.

2. Nun die Erklärung der Abhängigkeitstheorie: Ein profitorientierter transnationaler Konzern findet neue Absatzmärkte; dies führt zu einer Stabilisierung eines ausbeuterischen, inhumanen und geschichtlich dem Untergang geweihten Systems. Durch Reklame wird der Inlandsmarkt erobert; hierin manife-

stiert sich eine weitere kulturelle Entfremdung, die Einheimischen verlernen es, selbst ihre Bedürfnisse zu befriedigen. Einheimische Getränkehersteller werden wegen der Effizienz des transnationalen Konzerns vom Markt verdrängt; Arbeitsplätze gehen verloren, die der transnationale Konzern nicht anbieten kann, da er kapitalintensiv produziert; durch langfristige Kaufverträge ergibt sich eine Abhängigkeit der einheimischen Landwirte vom transnationalen Konzern.

In der Argumentation der Abhängigkeitstheoretiker konzentriert sich – im Gegensatz zur neoklassischen Analyse – die negative Betrachtungsweise. Diese ist das Ergebnis der vollständigen Abkehrung des »marktwirtschaftlichen« Systems.

Dichotomie

Nach Marx ist die Geschichte eine Folge von Klassenkämpfen. Der Fortschritt vollzieht sich in seiner Geschichtsinterpretation als Konfrontation von Gegensätzen. Es werden dabei immer nur kontradiktorische Gegensätze postuliert: Arbeiter – Kapitalisten; Ausbeuter – Ausgebeutete; Entwicklungsländer – Industrieländer. Etwas anderes gibt es nicht: *tertium non datur!* Sozialpartnerschaft oder eine Interessensolidarität gelten als Verschleierung der Klassenkämpfe. Eine Reform ist folgerichtig nicht möglich, da sie nur einen dem Untergang geweihten Prozeß aufhält. Der wahre Charakter des internationalen Klassenkampfes zwischen Entwicklungs- und Industrieländern wird durch »der Weltwirtschaftsordnung neue Kleider« nur verdunkelt.

Es geht also nicht um Reformvorschläge zur Verbesserung der Wirtschaftsbeziehungen oder des Wirtschaftssystems, sondern notwendig ist eine »Denunziation bestehender Verhältnisse«. Unversöhnlichkeit muß nach den Abhängigkeitstheorien propagiert werden. Leider ist eine solche Unversöhnlichkeit auch von den Kirchen (teilweise im Rahmen der Befreiungstheologie) gefördert worden.

Determinismus

Nach der Marx'schen Geschichtsschau sind der Zusammenbruch des Kapitalismus und der Sieg des Sozialismus zwangsläufig. Erst durch den Sieg des Sozialismus erhalten Verbesserungen der wirtschaftlichen und sozialen Verhältnisse ihren Sinn. Diese sind dann – dialektisch betrachtet – fortschrittlich. Alle Maßnahmen, die den Geschichtsprozeß vorantreiben, müssen als fortschrittlich gedeutet werden. So kann bspw. Kuba als Modell einer erfolgreichen Abkoppelung verstanden werden; nicht dialektisch gesehen könnte man von einer neuen Abhängigkeit, nämlich von östlicher Technologie und Entwicklungshilfe, sprechen. Dialektisch gesehen handelt es sich um eine andere Qualität des Auslandseinflusses. Da es etwas Drittes nicht gibt (tertium non datur), ist eine Unabhängigkeit vom kapitalistischen Weltsystem gleichzeitig ein Schritt zur autozentrierten, selbständigen Entwicklung.

Aufgabe der Wissenschaft muß es den Abhängigkeitstheorien gemäß nun sein, die Ausweglosigkeit der sozialen Gegensätze herauszuarbeiten. Ohne Revolution ist kein wahrer Fortschritt möglich. Je stärker nun der Beitrag zur Radikalisierung, desto eher gelingt die totale Umwälzung der politischen und sozialen Verhältnisse. Was nicht im Zusammenhang der Dialektik des historischen Materialismus gesehen wird, ist in ihren Augen zusammenhanglos – technokratisch; Reformen sind nur ein taktischer Rückzug, um das System zu erhalten, und sie gelten deshalb als reaktionär.

Kritik an den marxistischen Abhängigkeitstheorien

Die angeführten Tatsachen sind unbestreitbar; gilt das auch für deren Deutung? Auf drei Punkte wollen wir hier eingehen: auf den selektiven Umgang mit den Fakten, auf ihre Tautologie und schließlich auf die Praxisferne und Reformfeindlichkeit.

Selektiver Umgang mit Fakten

Eine Theorie kann nur dann einen Überlegenheitsanspruch äußern, wenn es keine Fakten gibt, zu deren Erklärung die Theorie nicht ausreicht. Sollte es dennoch Fakten geben, die ihr widersprechen, dann dürfen sie eben nicht zur Kenntnis genommen werden.[17] Zwei Beispiele mögen in diesem Zusammenhang genannt werden:

Waren- und Kapitalexporte in unterentwickelte Gebiete sollten den Fall der Profitrate hinauszögern und das System kurzfristig stabilisieren. Zwischen 1881–1918 stiegen die Auslandsinvestitionen europäischer Mächte in der Tat beträchtlich an.[18] Die Erträge dieser Investitionen beliefen sich auf 10 % des britischen und 5–6 % des französischen Volkseinkommens.

Sieht man sich die Daten jedoch genauer an, stellt man fest, daß nur ein Bruchteil dieser Investitionen in heutigen Entwicklungsländern angelegt wurde. Französisches Kapital wurde hauptsächlich in Osteuropa (Schwerpunkt: Rußland), dem amerikanischen Kontinent und dem Nahen Osten angelegt. Die Investitionen in die französischen Kolonien machten von 1882–1914 durchschnittlich 11 % der Gesamtauslandsinvestitionen aus; zu unterstreichen ist hier jedoch die fallende Tendenz des Anteils der Investitionen, der in die französischen Kolonien ging. Von den britischen Auslandsinvestitionen waren nur ein Drittel innerhalb des Empire angelegt worden. Im Jahre 1914 wurden vom Deutschen Reich nur 2,1 % in den Kolonien, aber 38 % in Europa und jeweils 16 % in Nord- und Lateinamerika angelegt. Eine direkte Korrelation zwischen wirtschaftlicher und territorialer Expansion läßt sich statistisch nicht nachweisen. Man kann aus den Daten kaum schließen, daß die Kapitalinvestitionen in Übersee für die Entwicklung der Industrieländer unentbehrlich gewesen wären.

Als zweites Beispiel soll die erfolgreiche Entwicklung Taiwans genannt werden. Eine Integration in den kapitalistischen Weltmarkt schließt nach Meinung der Abhängigkeitstheoretiker folgendes aus: das Wachstum der landwirtschaftlichen Produktion, eine Einkommensnivellierung, einen Abbau der Arbeitslosigkeit, einen Anstieg der Alphabetisierungsrate, eine Verbesserung der Versorgung der Bevölkerung mit den Grundbedürfnissen usw. Wie kaum ein zweites Land hat sich Taiwan (aber auch Korea) in den kapitalistischen Weltmarkt integriert. Es weist nun aber genau die Merkmale auf, deren Verluste oben vorhergesagt wurden. In den Plädoyers für eine Dissoziation sucht man vergeblich nach einem Hinweis auf Taiwan. Hier werden Tatsachen unterschlagen, denn, ex definitione, ist eine Entwicklung im kapitalistischen Weltsystem eben nicht möglich. Sie ist in marxistischen Augen nur eine faschistoide Pseudoentwicklung oder eine technokratisch-reaktionäre Entwicklungsfassade.

Die Tautologie

Tautologien dienen nun oft dazu, Theorien zu immunisieren. Nach Popper müssen Theorien Behauptungen enthalten, die falsifizierbar sind. Andernfalls kann man vielleicht von einer Ideologie, nicht aber von einer wissenschaftlichen Theorie sprechen. Wenn nun behauptet wird, daß die »Abhängigkeit« vom kapitalistischen Weltmarkt eine Entwicklung der Entwicklungsländer verhindert, so müßten »Abhängigkeit«, »kapitalistischer Weltmarkt« und »Unterentwicklung« begrifflich klar als etwas Eigenständiges definiert und überprüfbare Hypothesen über den Zusammenhang und die Kausalität von Abhängigkeit und Unterentwicklung postuliert werden. Statt dessen wird Abhängigkeit nun so definiert, daß alle Merkmale der Unterentwicklung darunter fallen: Ungleiche Einkommensverteilung, sektorale Heterogenität, Arbeitslosigkeit, Auslandsverschuldung, Unterbeschäftigung usw. Beide Begriffe werden identisch definiert: Es ist somit die Erklärung einer Sache mit sich selbst, wenn man behauptet, Abhängigkeit verursache nun Unterentwicklung. Wir haben es mit einer Tautologie zu tun! Wenn nun Abkoppelung von dem kapitalistischen Weltmarkt gefordert wird, ist damit nichts über die Außenhandelspolitik gesagt. Eine solche Abkoppelung kann sowohl Autarkie als auch eine Intensivierung der außenwirtschaftlichen Beziehungen mit den sozialistischen Staaten bedeuten. Somit kann Kuba als Beispiel einer autozentrierten Entwicklung dienen, weil es sich nicht dem kapitalistischen, sondern dem sozialistischen System anschließt. Die Theorie ist demnach so aufgebaut, daß sie nicht falsifizierbar ist und daher nicht als Theorie anerkannt werden kann. Befürworter der Dependenz- bzw. Abhängigkeitstheorien verstehen sie daher nicht als Theorien im streng sozialwissenschaftlichen Sinn, sondern als ein Paradigma auf hoher Abstraktionsebene[19] – als Ideologie.

Praxisferne und Reformfeindlichkeit

Es gibt bei den Dependenztheoretikern wenig Hinweise auf eine optimale Zollstruktur, eine notwendige Wechselkurspolitik oder Kriterien öffentlicher Investitionen. Antworten auf die Frage nach den Instrumenten zur Erhöhung der landwirtschaftlichen Produktivität werden nicht gegeben. Ihre Theorie erschöpft sich häufig darin, einen Gegensatz zwischen den Begriffspaaren Kapitalismus und Sozialismus, Assoziation und Dissoziation festzustellen, wobei die ersteren Begriffe jeweils in den grellen Farben der Apokalypse ausgemalt werden, denen sich dann die zweite Lösung als harmonische Antwort anbietet. Damit gerät die Theorie in die Nähe des Utopischen, da konkrete Handlungsanweisungen fehlen.

Den meisten von den Dependenztheoretikern angestrebten Zielen stimmen alle Entwicklungspolitiker zu, wie beispielsweise einer gerechten Einkommens- und Vermögensverteilung, Vollbeschäftigung, alternativen Technologien und Arbeitsplätzen, Partizipation an der politischen Willensbildung usw. Diese Ziele sollen allein durch eine Änderung der Machtverhältnisse, die nur durch die Dissoziation möglich ist, verwirklicht werden. In concreto wird nicht gesagt, wie diese Ziele erreicht werden können. Hier klingt wiederum eine Tautologie an: Änderung der Machtverhältnisse wird mit Dissoziation gleichgesetzt.

Die Totalität des Erklärungsansatzes und die Übersichtlichkeit durch das kontradiktorische Prinzip der Dichotomie und die Progressivität durch den postulierten geschichtlichen Determinismus, sie werden alle erlangt durch einen äußerst selektiven Umgang mit den Fakten (partielle Tatsachenblindheit), eine ausgesprochene Neigung zu tautologischen Aussagen und eine deutliche Abneigung, sich mit den Problemen der praktischen Wirtschaftspolitik auseinanderzusetzen. Man kann sich die Vorgehensweise der Abhängigkeitstheoretiker an folgendem Beispiel verdeutlichen:

In vielen Städten werden Wohngebiete renoviert. Dazu müssen Häuser oft abgebrochen werden. Man kann sich nun ein solches Haus vorstellen, das zum Abbruch bestimmt ist. Es ist dann Zeitverschwendung, sich über eine wohnlichere Einrichtung dieses Hauses Gedanken zu machen. Das Haus ist ja zum Abbruch bestimmt! So ist der Kapitalismus geschichtlich zum Abbruch bestimmt; es ist demzufolge nicht lohnend, sich über eine Verbesserung der Instrumente innerhalb des kapitalistischen Systems Gedanken zu machen. Hilfreich ist eine Denunzierung der bestehenden Verhältnisse, oder um im Bild zu sprechen, die Erhöhung der Anstrengungen, das Haus endlich abzureißen, um das neue Haus zu bauen.

Erfolgschancen der Abkoppelungsstrategie

Die Strategie der Abkoppelung gibt keine Antwort auf die entscheidende Frage, wie dann der Entwicklungsprozeß ablaufen soll.

Inwieweit sind institutionelle Reformen und gesellschaftliche Revolutionen notwendig?
Wie wird sichergestellt, daß dadurch nicht eine autoritäre Elite durch eine andere ersetzt wird?
Wie lange muß die Bevölkerung warten, bevor die Früchte der Abkoppelung sichtbar werden?

Können überhaupt kleine Länder eine solche Politik betreiben, ohne
daß sie zu schnell an Grenzen des Wachstums stoßen?
Soll in diesem Fall eine selektive Abkoppelung angestrebt werden und
wie soll sie aussehen?
Soll die Abkoppelung im Rahmen eines marktwirtschaftlichen Konzepts geschehen oder durch die staatliche Bürokratie gelenkt werden?
Kann der Staat die Entwicklungspläne festlegen, ohne daß individuelle
Freiheiten aufgegeben werden?
Welche Folgen hat eine drastische Einkommens- und Vermögensverteilung auf die Sparquote?

Über viele dieser Aspekte bestehen keine klaren Vorstellungen, so daß der ökonomische Aussagewert der Forderung nach Dissoziation zweifelhaft ist.[20]

Abhängigkeitstheoretiker weisen auf das Erziehungszoll-Argument von Friedrich List hin.[21] Der zentrale Punkt der Argumentation von List betrifft das Entwicklungspotential eines Landes. So zeigt er, daß ein Handel langfristig für die weniger entwickelten Staaten schädlich sein kann (obgleich kurzfristig von Vorteil), indem er auf die Entfaltung der eigenen Produktivkräfte ebenso hemmend wirkt wie auf die Entwicklung des Binnenmarktes. Der Unterschied zwischen dem kurzfristigen und dem langfristigen Nutzen einer weltwirtschaftlichen Integration steht bei Friedrich List im Vordergrund. List befürwortet lediglich einen zeitlich beschränkten Schutz von Industrien, die potentiell komparative Vorteile langfristig bieten, sie jedoch kurzfristig nicht erlangen können. Den Abkoppelungstheoretikern geht es aber nicht um diesen zeitlich befristeten Schutz bestimmter Industrien, sondern um die Abkoppelung der gesamten Wirtschaft eines Entwicklungslandes. List sucht durch die Abkoppelung die langfristige Integration in die Weltwirtschaft; sein Erziehungszoll soll ein Außenhandelsinstrument sein, während die Abkoppelungstheoretiker damit eine Binnenmarktorientierung der Produktion anstreben.

In der Empfehlung einer autozentrierten Entwicklung werden also keine klaren Strategien für die Zeit nach der Abkoppelung entworfen. Ihnen schwebt eine Wirtschaft mit stark diversifizierender Produktionsstruktur vor, in der das industrielle Erzeugnis von der Produktion von Investitionsgütern und Produktionsmitteln bis zur Produktion von Massenkonsumgütern reicht, in der verschiedene Sektoren hohe Produktivität aufweisen und miteinander verkettet sind und die zudem eine eigene Technologie entwickelt haben. Wie diese Ziele erreicht werden, bleibt ungenannt. Angedeutet wird die sozialistische, planwirtschaftliche Entwicklung, ohne sich mit deren Problemen zu beschäftigen. Es ist jedoch notwendig, die endogenen Ursachen der Entwicklung zu erfassen und die jeweilige Entwicklungspolitik auf die Behebung der hemmenden Faktoren auszurichten.

Die Kritik an den Abhängigkeitstheorien bedeutet nicht gleichzeitig die Annahme der Modernisierungstheorie. Wir sollten uns nicht in Erklärungsansätze dichotomistischer Prägung hineinzwingen lassen (bürgerlich/marxistisch oder Abhängigkeit/Modernisierung), sondern versuchen, eigene Entwicklungsvorstellungen zu entfalten, wie sie z.B. im letzten Teil dieses Buches angedeutet werden.

Eine Bemerkung zur Kolonialpolitik

Trotz aller Kritik am Kolonialismus der europäischen Mächte muß sein Erscheinungsbild differenzierter gezeichnet werden. So hat P.T. Bauer[22] darauf hingewiesen, daß die britische Herrschaft im allgemeinen in Westafrika akzeptiert wurde. Es kam zu einem wirtschaftlichen Aufschwung; Exporte und Importe setzten Anreize für eine bessere ökonomische Entwicklung. Die Besteuerung war bescheiden und die Einwohner erfreuten sich großer Freiheiten. Es gab keine Einschränkung der Bewegungsfreiheit; auch das Einkommen konnte in einer marktwirtschaftlichen Ordnung dort ausgegeben werden, wo es der Konsument für sinnvoll hielt. Die Stammesstreitigkeiten und die Sklaverei waren abgeschafft worden. Er zeigt, daß die Menschen im allgemeinen nicht so stark daran interessiert sind, wer an der Macht ist, sondern vielmehr daran, daß die öffentliche Ordnung hergestellt und daß gerecht regiert wird. Er zeigt allerdings auch, daß in den 30er Jahren die marktwirtschaftliche Lösung angezweifelt worden ist; der Glaube an die staatlichen Möglichkeiten begann seinen Siegeszug. Dies wirkte sich auch auf das Kolonialreich aus. In verstärktem Maße wurde seit Mitte der 30er Jahre das ökonomische Leben in den Kolonien kontrolliert. So wurden die Importe beschränkt; Exportmonopole und Exportzertifikate wurden geschaffen. Damit gaben die Briten nach der Unabhängigkeit den einheimischen afrikanischen Herrschern eine große Machtfülle in die Hand. Mit Hilfe dieser Kontrollen war es den neuen Regierungen möglich, die Bevölkerung zu unterjochen. Das Staatsmonopol über den Export verschaffte den Eliten Einfluß und Belohnungsmöglichkeiten für ihre Mitglieder. Es ist verständlich, daß mit einem solchen Rahmen eine Entwicklung zum Sozialismus und zur planwirtschaftlichen Methode leichter war, als wenn die Kolonialmächte eine marktwirtschaftlich orientierte Mittelklasse hinterlassen hätten. So kann man wohl behaupten, daß die Hinterlassenschaft der stärkeren wirtschaftspolitischen Einmischung des Staates mit ein Grund dafür war, daß in den afrikanischen unabhängigen Ländern der wirtschaftliche Liberalismus kaum eine Chance besaß. Die Folgen sind an den jetzt noch herrschenden Mangelerscheinungen abzulesen.

Die Frage nach den gerechten Preisen

Die Industriegüterpreise steigen stetig an; im Vergleich dazu erzielen die Entwicklungsländer für ihre Produkte nur konstante oder sogar sinkende Preise. Um bspw. einen Traktor aus den Industriestaaten zu erwerben, müssen die Entwicklungsländer immer mehr von ihren natürlichen oder mineralischen Rohstoffen als Gegenleistung anbieten. Ist das gerecht? Wenn wir daran denken, wie gut es uns doch in den Industrieländern geht, sollten wir dann nicht höhere Preise für die Produkte der Entwicklungsländer zahlen? Was sagt die Ökonomie dazu?

Die Antwort scheint erst einmal enttäuschend zu sein. Die Volkswirtschaftslehre kennt keine gerechten Preise![23] Sie geht vielmehr von einem Gleichgewichtspreis aus, der einen Ausgleich von Angebot und Nachfrage schaffen will. In der Nationalökonomie spricht man von der Markträumungsfunktion des Preises. Übersteigt nämlich das Angebot eines Gutes seine Nachfrage, dann hilft im allgemeinen eine Preissenkung, um die Diskrepanz zu beseitigen und umgekehrt. Das Preissystem hat in der Volkswirtschaftslehre nur die Aufgabe, zu entscheiden, wer, für wen, was, wie, wann, womit produziert. Der preisgünstigste Anbieter und der kaufkräftigste Nachfrager kommen zum Zug. Wieso aber brauchen wir Preise?

Es wird von allen Ökonomen anerkannt, daß eine Spezialisierung die Produktivität der Menschen erhöht. Spezialisierung aber heißt Arbeitsteilung, und damit wird der anschließende Tausch von Produkten notwendig. Es ist vernünftig, jene Produkte herzustellen, für deren Herstellung man am besten geeignet ist, und jene zu kaufen, die man nur mit den größten Kosten selber produzieren kann. Würde jeder von uns versuchen, wieder alles selber herzustellen, würde das Wohlfahrtsniveau des Landes und auch des einzelnen Bewohners rapide sinken. Das gleiche gilt nun für die Staaten dieser Erde. Ein Land sollte versuchen, diejenigen Güter zu produzieren, bei denen es einen komparativen Vorteil hat, und die Produkte kaufen, die es am wenigsten selbst produzieren kann.[24] Solange nun ein Tausch freiwillig geschieht, kann kein Marktteilnehmer anschließend schlechter gestellt sein als vorher – sonst tauscht er eben nicht.

Die Signale zum Kauf und Verkauf, zum Produzieren und Nachfragen kommen in einer Marktwirtschaft von den Preisen. Die Preise üben dabei eine wichtige Lenkungsfunktion aus. Angebots- und Nachfrageschwankungen können für das gleiche Produkt im Zeitablauf zu unterschiedlichen Preisen führen. Nicht Gerechtigkeit zu schaffen, sondern den Markt zu räumen ist die ökonomische Funktion des Preises. Der Preis ist in der Volkswirtschaftslehre keine Funktion der Sittlichkeit, keine moralische Größe.

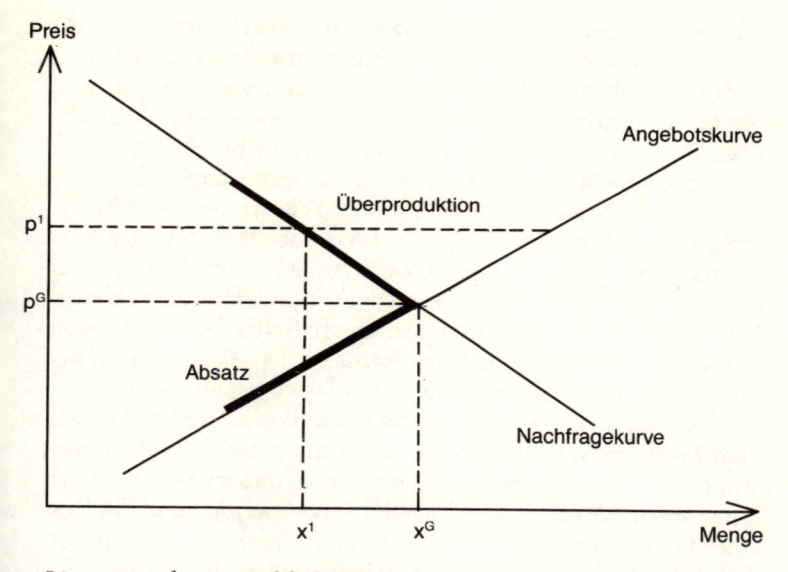

Diagram: Preis-Mengen-Diagramm mit Angebotskurve und Nachfragekurve; Gleichgewichtspunkt bei p^G, x^G; bei $p^1 > p^G$ ergibt sich Überproduktion (Absatz x^1).

Liegt nun der tatsächliche Preis über dem Gleichgewichtspreis, dann gibt es eine weltweite Überproduktion (auch für die Entwicklungsländer); die Nachfrage in den Industrieländern geht zurück. Wir können uns dies am obigen Schaubild deutlich machen. Die Nachfragekurve verläuft von links oben nach rechts unten. Dies bedeutet, daß bei einem sinkenden Preis mehr Menschen in der Lage sind, ein Produkt zu kaufen. Auch werden die Käufer preiswerte Güter (bei gleicher Qualität) den teuren Gütern vorziehen. Umgekehrt verläuft die Angebotskurve von links unten nach rechts oben. Dieses erklärt, daß die Anbieter mehr von einem Produkt anbieten, wenn sie einen höheren Preis bekommen. Dies hat zweierlei Gründe: Zuerst ist die Firma in der Lage, mehr Produkte anzubieten, wenn der Preis steigt, da sie auch mehr Produktionsfaktoren (auch zu höheren Preisen) einstellen kann; evtl. wird sie einen Überstundenlohnsatz zahlen, damit mehr produziert werden kann; aber auch andere Anbieter, die beim niedrigen Preis nicht hätten produzieren können, treten in den Markt ein und bieten ihre Produkte an. Der größtmögliche Umsatz ist dort gegeben, wo Angebots- und Nachfragekurve sich schneiden. Wir können die Behauptung aufstellen, daß sich in einem Ungleichgewicht immer das Minimum von Angebot und Nachfrage durchsetzt. Dabei sprechen wir von einem Ungleichgewicht, wenn der Markträumungspreis nicht erreicht wird. Liegt der Preis höher als der Gleichgewichtspreis (p^G), dann bestimmen die Nachfrager den Umsatz. Wie wir sehen, geht die Absatzkurve nach links. Liegt der Preis unterhalb des Gleichgewichtspreises, dann bestimmen die Anbieter den Umsatz. Bei sinkendem Preis sinkt auch das Angebot und damit der Absatz. Wir erhalten eine nach rechts gerichtete Spitze bei der Absatzkurve, die das Maximum, den größtmöglichen Absatz, die größtmögliche Güterversorgung, in der Volkswirtschaft angibt.

Liegen nun die Preise für Güter der Entwicklungsländer über dem Marktpreis, dann werden Substitute entwickelt, die Industriestaaten beuten eigene Quellen aus, so daß im Endeffekt die Einnahmen der Entwicklungsländer sinken werden und das Ziel einer Preiserhöhung verfehlt wird. Diese Gefahr ist, wie wir aus dem Schaubild ersehen können, langfristig bei allen Gütern gegeben, auch wenn die kurzfristigen Folgen unterschiedlich sein können. Es mag sein, daß ein bestimmtes Gut zu jedem Preis kurzfristig gekauft werden muß, weil es lebensnotwendig ist. Dies ist im allgemeinen bei Medikamenten der Fall oder – im großen gesehen – beim Erdöl, wo es eine längere Zeit dauerte, bis die Substitutionsprozesse sich auswirken konnten. Wie bekannt, leiden allerdings jetzt die Ölländer unter der Nachfragereduzierung (Energieeinsparung und Substitutionssuche in den Industriestaaten), auch gibt es jetzt mehr Anbieter (Nordseeöl, Alaskaöl). Der Ökonom nimmt als Kriterium die sog. Nachfrageelastizität eines Gutes (die relative Veränderung der Nachfrage aufgrund einer relativen Veränderung des Preises). Liegt der Wert dieser Größe über 1, dann sinken die Gesamteinnahmen aufgrund von Preiserhöhungen.

Es hat sich gezeigt, daß der Preis am besten geeignet ist, Knappheiten anzuzeigen. Dies ist in einer marktwirtschaftlichen Ordnung seine Aufgabe. Wo der Preis diese Aufgabe nicht erfüllen kann, geht es zu Lasten der gesellschaftlichen Wohlfahrt.

Hier liegt aber auch eine Schwäche der klassischen Preistheorie. Soziale Momente werden vollständig vernachlässigt. Es wird nicht gefragt, ob ein Konsument, der ein Gut dringend benötigt, auch die Mittel hat, dieses Gut nachzufragen. Nötigenfalls muß er aus dem Markt ausscheiden. Auch Probleme, die durch wirtschaftliche Macht entstehen oder auf Informationsmängeln beruhen, werden nicht behandelt. Wo der Preis aber eine soziale Funktion übernommen hatte (Höchstpreise bei Mieten, Mindestpreise für Agrarprodukte), kam es zu äußerst negativen Folgen, die der Gesamtwirtschaft teuer zu stehen kamen, bzw. für den einzelnen bedeuteten, daß die Produkte überhaupt nicht zur Verfügung standen. Liegt beispielsweise der Höchstpreis unterhalb des Gleichgewichtspreises, so werden mehr Nachfrager dieses Gut auf dem Markt suchen, als Anbieter bereit sind, es herzustellen. Notwendige Güter werden nicht hergestellt. So ist bspw. in New York die Wohnungsnot deshalb so erschreckend groß, weil Höchstpreise für die Mieten festgesetzt wurden. Zu diesen Preisen waren die Wohnungseigentümer nicht mehr willens, Wohnraum anzubieten.

Werden die Mindestpreise über dem Gleichgewichtspreis festgelegt, so kommt es zu einer Überproduktion, wie wir es aus den Agrarüberschüssen der Europäischen Gemeinschaft kennen. Der Hunger in der Dritten Welt ist ebenfalls durch eine falsche Preispolitik hervorgerufen worden. Aus sozialen Gründen wollte man den Preis niedrig festlegen, um so der schwachen Kaufkraft der Armen entgegenzukommen. Was man erreichte, war, daß die Bauern sich in die Subsistenzlandwirtschaft zurückzogen und für den Markt kaum noch Nahrungsmittel anboten. Das Ergebnis dieser wohlmeinenden sozialen Preispolitik sind die vielen Hungersnöte, die wir in letzter Zeit häufiger beobachten. Die meisten Volkswirte tendieren deshalb dazu, dem Preis seine Lenkungsfunktion dort, wo es möglich ist, zu belassen.

So läßt sich schwerlich für einen sozial gerechten Preis plädieren, wie es oft von wohlmeinenden Moralisten in der westlichen Welt und auch von Politikern in den Entwicklungsländern gefordert wird. Selbst wenn ich die Probleme einbeziehe, die durch Monopole, durch Informationsmängel oder externe Effekte[25] für das Preissystem entstehen, muß ich den Vorwurf des ungerechten Preises ablehnen, weil er nicht sachgemäß ist. Die Liebe zu den Armen erfordert vor allem auch Sachlichkeit!

Zwei weitere Bemerkungen zu der sich weitenden Preisschere zwischen Gütern der Entwicklungsländer und der Industriestaaten sollen noch angefügt werden.

Die erste Argumentationskette soll erklären, warum die Preise von Produkten der Entwicklungsländer nicht in dem Ausmaß steigen wie die der Industriestaaten: Der Produktivitätsfortschritt, der in Industrie- und Entwicklungsländern in gleicher Weise zu beobachten ist, wird in den Industrieländern in Form von höheren Löhnen an die Arbeitnehmer weitergegeben, da sie stark organisiert sind. Die Gewerkschaftsbewegung erreicht, daß die Arbeitnehmer ihren Anteil an den Produktivitätsfortschritten erhalten. Der Produktivitätsfortschritt, der auch in den Entwicklungsländern zu beobachten ist, wird dort durch niedrigere Preise an die Industrieländer weitergegeben, da die Arbeitnehmer in den Entwicklungsländern kaum organisiert sind, aber eine hohe Konkurrenz zwischen den einzelnen Entwicklungsländern zu beobachten ist. Die Gewerkschaften sind in den Entwicklungsländern nicht in der Lage, die Produktivitätsfortschritte für die Arbeitnehmerschaft zu reklamieren. Wegen der harten Konkurrenz werden deshalb die Produktivitätsfortschritte an die Reichen weitergegeben. Demzufolge läßt sich – zu Recht – der Vorwurf erheben, daß die Industriestaaten sowohl ihren Produktivitätsfortschritt als auch den der Entwicklungsländer einheimsen.

Aber eine weitere Argumentation muß noch genannt werden. Es ist nämlich sehr schwierig, Produkte, deren Qualität sich im Zeitablauf (wegen des technischen Fortschritts) ändert, preislich zu vergleichen. Ein Traktor des Jahres 1950 ist nicht einem Traktor aus dem Jahre 1970 oder 1985 ohne weiteres vergleichbar. Die Preiserhöhungen für einen Traktor (ein typisches Import-Produkt eines Entwicklungslandes) können nämlich einen beträchtlichen Teil an technischem Fortschritt beinhalten. Anders liegt die Auswirkung des technischen Fortschritts bei Produkten der Entwicklungsländer. Dort wirkt sich der technische Fortschritt nicht qualitativ, sondern quantitativ aus. Wegen des technischen Fortschritts kommt es zu Produktionssteigerungen des Gutes bei gleicher Qualität. Dank des technischen Fortschritts können bspw. mehr Produkte pro Hektar angebaut und geerntet werden; dank des technischen Fortschritts sind die Entwicklungsländer in der Lage, in einem größeren Maße bei gleichem Arbeitseinsatz bspw. Mineralien abzubauen. Der technische Fortschritt schlägt bei gleichbleibender Qualität als höhere Quantität zu Buche. Es ist nun verständlich, daß die Preise für diese Produkte sinken können. Ein Vergleich zwischen Produkten der Industrieländer und der Entwicklungsländer darf also nicht nur durch den Vergleich von Preisen, wie eine Tonne Sisal gegenüber einem Traktor, durchgeführt werden. Es muß im Grunde genommen gefragt werden, in welcher Weise eine Arbeitsstunde in den Entwicklungsländern sich zu einer Arbeitsstunde in den Industrieländern verändert hat. Auch bei uns, in den Industriestaaten, sind ja die landwirtschaftlichen Produkte relativ erheblich billiger geworden (dank des technischen Fortschritts, der auch hier quantitativ wirkte). Auch hier ist dann der technische Fortschritt in Form von relativ niedrigeren Preisen für landwirtschaftliche Produkte an die Verbraucher weitergegeben worden.

Alle Forderungen der Entwicklungsländer, die Preise für ihre Produkte anzuheben, sind langfristig zum Scheitern verurteilt. Dies gilt auch für solche Forderungen, internationale Ausgleichslager zur Stabilisierung der Preise auf einem Niveau einzuführen, das über dem Gleichgewichtsniveau liegt. Es käme nur zu einer weltweiten Überschußproduktion, zu einem Absinken der Nachfrage. Außerdem sind die Finanzierungsprobleme nicht lösbar. Es käme zu einer EG-Agrarmisere in weltweitem Ausmaß. Und es ist in einer Welt von Knappheiten auch eine ethische Aufgabe, unnütze Produktion zu vermeiden. Auf die Frage des gerechten Preises wollen wir kurz noch in einem Exkurs eingehen.

Exkurs:
Der gerechte Preis und die Objektivierung ökonomischen Verhaltens

Die Entwicklungsländer fordern immer wieder einen gerechten Preis; diese Forderungen werden von kirchlichen Gruppen selbstverständlich unterstützt; denn die Theologie, die jahrhundertelang gesellschaftlich bestimmend war, hat sich intensiv mit dem gerechten Preis, dem »justum pretium«, beschäftigt.[26] Was steckt hinter diesem Begriff?

Der Fortschritt in der Spezialisierung der Arbeitsteilung führte zur Notwendigkeit des Tausches. Für den Tausch müssen nun Tauschrelationen festgelegt werden. Anfänglich herrschte dabei der Naturaltausch vor. Getreide wurde gegen Kleidung getauscht. Es stellte sich heraus, daß ein allgemeines Tauschmittel (das somit zum »Geld« wurde) die Tauschkosten reduziert. Wer einen Pflug wollte und dafür ein Rind anbot, mußte nicht mehr suchen, bis er – vielleicht über einen Kettentausch – einen Tauschpartner fand. Das Tauschmittel »Geld« wurde von jedem jederzeit als Äquivalent akzeptiert. Damit wurde wertvolle Zeit gespart; ja der ehemalige Realtauschakt konnte zeitlich auseinandergerissen werden. Das Tauschmittel diente auch dazu, Tauschwert über die Zeit hin aufzubewahren. Damit mußten nun aber Preise (Gegenwert in Geld) bestimmt werden. Wonach sollten sich die Preise richten?

Als erstes bot sich der »natürliche Wert« (innerer Wert bei Aristoteles) an, der bspw. durch den Konsum- oder Nutzwert dargestellt wurde. Seltsamerweise stellte sich aber heraus, daß der innere Wert nicht immer dem Tauschwert entsprach. Wasser ist lebensnotwendig; sein allgemeiner Tauschwert ist im Normalfall niedrig. Diamanten sind zu wenig nütze; ihr Tauschwert ist allerdings sehr hoch. Später, erst in der österreichischen Schule des 19. Jahrhunderts, merkte man, daß es auf den Grenznutzen eines Gutes ankommt, dieser ist wertbestimmend.

Schon die griechischen Philosophen (Aristoteles und Platon) forderten die Gleichwertigkeit der Gegenleistung beim Tausch. Was ist nun das Äquivalent? Nach Augustin sind die menschlichen Bedürfnisse (heute würden wir von Nutzen sprechen) der Maßstab für den Gegenwert (Nutzwert). Thomas von Aquin, so kann man indirekt folgern, geht von den Mühen, die in der Produktion stecken, aus. Die Arbeit des Schuhmachers muß nach seinen Worten mit der Arbeit des Bauern verglichen werden (Ethik V); hier haben wir es mit einer Art Arbeitswertlehre des Preises zu tun, die später für Marx von großer Bedeutung war.

Die Forderung nach dem gerechten Preis, der die Gedanken der Scholastiker des Mittelalters intensiv beschäftigte, wurde von Thomas von Aquin mit der goldenen Regel aus Mt 7,12 begründet: »Alles nun, was ihr wollt, das euch die Leute tun sollen, das tut ihnen auch! Das ist das Gesetz und die Propheten.« Da keiner wünscht, einen überhöhten Preis als Käufer zu bezahlen, sollte der Verkäufer ihn auch nicht fordern. Damit war aber das Problem, diesen gerechten Preis zu finden, noch nicht gelöst. Im damaligen Privatrecht waren bspw. Abweichungen von 50 % vom gerechten Preis erlaubt. Thomas von Aquin erlaubte ebenfalls »Zufallsabweichungen«, so daß der »gerechte Preis« nur im statistischen Mittel erreicht wurde. Oft wurde bei den Scholastikern der gerade herrschende Preis als der gerechte angesehen. Der gerechte Preis konnte von einem recht gesinnten Schätzer durch eine Schätzung festgestellt werden. Da in vielen Bereichen im Mittelalter Preise von den Behörden festgelegt wurden, war die Befolgung dieser behördlichen Festpreise eine Erfüllung der Forderung nach dem gerechten Preis. Der gerechte Preis war dann eben der von der Behörde festgelegte.

Heute wird das Preissystem nicht mehr normativ verstanden; die Betonung liegt mehr auf der Funktion des Preises. Die optimale Nutzung der knappen Ressourcen wird mit Hilfe des Preissystems erreicht. Diese Funktion ist insbesondere für die rasche Anpassung an geänderte wirtschaftliche Rahmenbedingungen wichtig. So haben jene Länder mit größerer marktwirtschaftlicher Preisflexibilität die Anpassung an die erhöhten Rohölpreise schneller erreicht als die Länder, die Erhaltungssubventionen einsetzten. Im mittelalterlichen System des »gerechten Preises«, eines Preises, der gerade die Produktionskosten decken durfte, war dieser Preis ein Mittel zur Stabilisierung. Die Allokation der produktiven Ressourcen wurde durch stabile Wirtschaftsbeziehungen mittels des gerechten Preises verstetigt – d.h., es wurde eine (wenn auch statische) materielle Absicherung erreicht.

Müller-Armack[27] weist auf den Konflikt zwischen dem Moralisten und dem Ökonomen hin. Während der Moralist gesellschaftliche Bezüge mit moralisch-ethischen Maßstäben messen will, sieht der Ökonom, der Realist, diese Welt als eine technische Organisation an, die praktisch gehandhabt werden muß, die sich ethischer Betrachtung zwar nicht direkt entzieht, die aber von ihren wirtschaftlichen Gesetzmäßigkeiten her verstanden werden will. Sachgesetzlichkeit ist damit eine moralische Forderung.[28] So stellte Bodinus im 16. Jahrhundert der Vorstellung des »*justum pretium*« den quantitätstheoretischen Zusammenhang gegenüber, nach welchem Preise sich nicht nach dem Sittengesetz, sondern nach der damals schnell sich vermehrenden Geldmenge richtete. Die klassische Nationalökonomie wollte geradezu die wirtschaftlichen Vorgänge aus der ethischen Betrachtung herauslösen: Sie entdeckten das Preissystem, das sie fast als naturgesetzlichen Ablauf verstanden und dessen Funktionieren sie geradezu als eine Anti-Ethik begriffen. So sollte bspw. Mandeville's Bienenfabel zeigen, daß private Laster gesellschaftliche Wohltaten werden können.[29]

Die marktwirtschaftlich ausgerichtete Theorie versucht, die wirtschaftlichen Zusammenhänge unter ordnungstheoretischen Gesichtspunkten zu verstehen, deren technisches Verständnis eben nicht dem Ethiker überlassen bleiben darf. Wer Preise stabilisiert, gefährdete Arbeitsplätze durch Subventionen sichert, den Entwicklungsländern höhere Preise verspricht, Löhne heraufsetzt, Zinssätze von Amts wegen niedrig festlegt usw. hat die ethische Überzeugung auf seiner Seite. Die Ethiker sind es gerade, die primär staatliche Eingriffe in den Wirtschaftsprozeß fordern. Sie verfolgen wohlmeinende Ziele, die aber von den Realisten, den Ökonomen, ebenfalls angestrebt werden. Nur über die Instrumente ist man sich nicht einig. Vielen Theologen ist nur deshalb die Marktwirtschaft suspekt, weil deren Vertreter eben diesen ethischen Kurzschlußargumenten den Widerstand ihrer wissenschaftlichen Überzeugung entgegensetzen. Die Ökonomen müssen den Wirtschaftspolitiker vor den negativen Folgen jedes Eingriffs in die optimale Verwendung der knappen Ressourcen warnen; sie können die Forderung nach gerechten (d.h. höheren) Preisen nicht ohne weiteres unterstützen. Und diese Ablehnung der scheinbar ethischen Forderungen geschieht ebenfalls aus ethischen Gründen, da die sonst zwangsläufig eintretende Verschwendung knapper Ressourcen – in dieser Welt des Mangels – ebenfalls unmoralisch ist.

Exportkulturen versus Nahrungskulturen

Die schon genannten beiden Arbeitshefte mit dem Titel »*Hunger durch Überfluß*« haben eine lebhafte Debatte ausgelöst; ein Teilaspekt der Debatte betrifft das Problem, ob die Entwicklungsländer sich nicht erst selber mit Agrarprodukten versorgen sollten, bevor sie Nahrungsmittel exportieren. Es ist – oberflächlich gesehen – nicht einsichtig, daß die eigene Bevölkerung hungert, während das Land Exportprodukte für die verwöhnten Gaumen der Industrieländer produziert. Sollte nicht die eigene Bevölkerung Vorrang haben? Ist es nicht besser, die eigene Bevölkerung zu ernähren, statt zu Exportprodukten Zuflucht zu nehmen?[30]

So wird von »Brot für die Welt« auf die folgenden Absurditäten hingewiesen (*Der Überblick* 1/83, S. 5):
– Wenn z. B. Agrarüberschüsse in der europäischen Gemeinschaft dadurch zustande kommen, daß billige Futtermittel aus Entwicklungsländern eingeführt werden, welche auf Kosten der Eigenversorgung armer Bevölkerungskreise produziert werden;
– wenn die Nachfrageinteressen in den Industrieländern einen stärkeren Einfluß auf die landwirtschaftliche Produktionsstruktur in der Dritten Welt gewinnen als die Bedürfnisse der Menschen vor Ort, die nicht über Kaufkraft verfügen, und deshalb am Marktgeschehen nicht teilnehmen können;
– wenn hochwertige Südfrüchte für unsere Märkte auf Kosten der Eigenversorgung der Menschen in der Dritten Welt hergestellt werden – und zwar unter Nutzung verhältnismäßig großer Anbauflächen –, weil unsere Qualitätsansprüche dazu führen, daß weit größere Mengen angebaut werden müssen als unsere Märkte im Endeffekt erreichen.

Es ist verständlich, daß auch hier der Moralist fragt, ob wir dadurch nicht doch zu Lasten der Dritten Welt leben. Gibt es eine Auflösung dieses Konflikts zwischen Nahrungskulturen und Exportkulturen? Dazu einige Bemerkungen.

a) Es besteht keine generelle Flächenkonkurrenz zwischen Nahrungs- und Exportkulturen. Land, das für den Teeanbau geeignet ist, läßt sich nicht ohne weiteres auch für die Reisproduktion nutzen. Ein Verzicht auf Kaffeeimporte der Europäischen Gemeinschaft erhöht nicht notwendigerweise die Produktion von Kassawa, Maniok und Sorghum. Vielmehr können Exportkulturen und Nahrungskulturen nebeneinander existieren. Sie können gleichzeitig angebaut werden, weil sie sich oft ergänzen. Zusätzlich ist zu erwähnen, daß manche dieser Exportkulturen Dauerkulturen sind, die positive ökologische Folgen haben. Der Anbau von Tee oder Kaffee hilft bspw. die Bodenerosion zu verhindern.

b) Nahrungsmittelexporte schaffen nicht unbedingt eine wirtschaftliche Abhängigkeit, wie oft behauptet wird. Auf den Weltagrarmärkten herrscht vielmehr eine Konkurrenzsituation vor;

es gibt weder ein Monopson (einen Käufer als Nachfrager) noch ein Monopol (einen Verkäufer als Anbieter). Allerdings führt jede Arbeitsteilung zu einer Interdependenz und damit zu einer gegenseitigen Abhängigkeit, die als der Preis für den dadurch erreichten Wohlstand gedeutet werden kann.

Ein Verzicht auf die weltweite Arbeitsteilung würde auch für die Entwicklungsländer einen kaum gewollten Wohlfahrtsverlust einbringen.

Natürlich werden die Anbieter dann abhängig von der internationalen Nachfrage; es kann technische Fortschritte geben, die die Produktionsverfahren eines Landes veralten lassen. Länder sind dann von Importen abhängig; es kann zu Unstetigkeiten kommen. Der Ölpreisschock zeigte, wie die gesamte Weltwirtschaft von der Ölproduktion abhängig ist. Wie der einzelne vom Bäcker, Metzger oder dem Elektrizitätswerk abhängig ist, so wird von daher gesehen bei jeder Arbeitsteilung eine gegenseitige Abhängigkeit vorliegen. Sie ist dann nicht tragisch, wenn mehrere Anbieter zur Verfügung stehen. Dies ist bei den internationalen Märkten der Fall. Hier wäre nur darauf zu verweisen, wie schwer es bisher war, ein Land wirtschaftlich zu boykottieren. Dieses Land findet – wenn auch zu höheren Kosten – immer einen Lieferanten. Diese Abhängigkeit, die von den Kritikern beklagt wird, ergibt sich auch in umgekehrter Richtung. Die Industriestaaten, die natürlich auch unter verschiedenen Anbietern wählen können, werden auch in gewisser Weise von ihren Importen (insbesondere Öl und Rohstoffe) abhängig. Ohne diese »Abhängigkeit« hätten wir jedoch nicht den heutigen Lebensstandard zu verzeichnen.

c) Ob in einem Land Nahrungs- oder Exportkulturen angebaut werden, ist eine Frage der relativen Preise. Kann ein Bauer durch den Anbau von Pfeffer zehnmal so viel verdienen als bei der Reisproduktion, wird er verstärkt den Pfefferanbau vorziehen. Tansania hat bspw. die Preise für die Exportkulturen real gesenkt, mit dem Ergebnis, daß deren Produktion erheblich fiel, und daß dieses Land nun die notwendigen Devisen nicht mehr durch den Export der Exportkulturen verdienen konnte. Die Produktion von heimischen Nahrungsmitteln war jedoch durch Preiserhöhungen, die Subventionen glichen, über das erforderliche Maß angestiegen. Tansania war dadurch zwar in der Lage, verstärkt die eigene Bevölkerung mit heimischen Produkten zu versorgen, der Entwicklungsprozeß litt allerdings unter den fehlenden Devisen. Ein Land kann durch seine Preispolitik selbst das Ausmaß der Mischung von Nahrungs- und Exportkulturen bestimmen. Wenn sich ein Land verstärkt für Exportkulturen entscheidet, können dafür nicht die Industrieländer verantwortlich gemacht werden. Es ist außerdem ein Trugschluß zu behaupten, daß ein Zurückdrängen der internationalen Nachfrage nach den Exporten der Entwicklungsländer dort zu einer vermehrten Produktion der Nahrungsmittel für die Hungrigen führen würde. Selbst wenn dadurch mehr Land für die Produktion dieser Güter zur Verfügung stünde, würde diese Verfügbarkeit noch lange nicht garantieren, daß die Armen die Nahrung auch kaufen können, die dort produziert werden könnte.

d) Es wird behauptet, daß die Exportkulturen nur die Reichen, die Plantagenbesitzer des Agrobusinesses, favorisieren. Dies ist leider oft der Fall; es muß jedoch nicht unbedingt so sein. Exportkulturen können auch in kleineren und mittelständischen Betrieben produziert werden. Der Tomatenanbau Marokkos für die EG geschieht in solchen Kleinbetrieben. Es handelt sich in einem solchen Fall nicht um ein Problem des Agrarexportes, und es geht nicht um die Frage, ob die Exporte mehr den Wohlhabenden zugute kommen, sondern es geht in diesem Fall um die Agrarverfassung eines Landes. Hierbei liegt jedoch vieles im argen; hier könnten die kirchlichen Institutionen, die teilweise gute Verbindungen auch zu den Regierenden in den Entwicklungsländern haben, viel stärker positiv einwirken, als sie es bisher tun.

Auf ein Verständnisproblem muß noch hingewiesen werden. In einem Gespräch sagte mir Karl Sundermeier, der in Sri Lanka die Kandy City Mission aufgebaut hat, daß sie Besuch von Vertretern von »Brot für die Welt« bekamen. Sie hatten einen Antrag gestellt, daß »Brot für die Welt« ihnen eine Molkerei finanziert. Die Vertreter von »Brot für die Welt« waren von dem Projekt begeistert und sagten: »Aber der Käse muß zu Billigpreisen produziert werden!«

Sundermeier: »Nein, wir gedachten, so teuer wie möglich zu verkaufen«.

»Brot für die Welt«: »Nein, wir müssen doch an die Armen denken, und so preiswert wie möglich Käse herstellen und verkaufen«.

Darauf erklärte Karl Sundermeier, daß es verschiedene Veredelungsstufen der Milch gibt. Der Kandy District-Bauer, der im Schnitt eine Kuh besitzt, kann mit der Milch, der ersten Stufe, seine Familie ernähren. Bei den nächsten Stufen, zu denen auch Käse gehört, ist die Versorgung der Armen nicht mehr so notwendig. Essen hat auch etwas mit dem Geschmack zu tun; die Wohlhabenderen sind bereit, für ein veredeltes Produkt einen höheren Preis zu zahlen. Ziel der Molkerei sei es, Höchstpreise zu erzielen, um mit diesen Einnahmen den Bauern eine zweite Kuh zu ermöglichen. Da sie dadurch höhere Einnahmen erhielten, wäre es dann auch für sie möglich, einen Teil ihres Käse dann selber zu konsumieren.

In der Tat gibt es im Agrarbereich dieses Mißverständnis bzgl. der Höhe des Preises. Für den Anbieter kann der Preis nicht hoch genug und für den Nachfrager nicht niedrig genug sein. Ein freier Marktpreis bildet hier den bestmöglichen Kompromiß, da er die höchstmögliche Versorgung mit einem Gut erlaubt. Es kann also ohne weiteres im Sinne der Armen sein (dieses Mal der Produzenten), einen höheren Preis zu erwirtschaften.

Die fehlende Produktion an Nahrungskulturen ist häufig ein Problem der niedrigen Preise und nicht das Ergebnis der Öffnung für den internationalen Agrarexport. Im Gegenteil zeigt die Produktion von Exportkulturen, daß auch in den Entwicklungsländern der Preismechanismus funktionieren würde. Ja, er hat in Sri Lanka gezeigt, daß er hervorragend funktioniert, denn in den letzten fünf Jahren hat sich die Reisproduktion verdoppelt, was allerdings auch mit einer Verdoppelung der Produzentenpreise einherging.[31]

e) Warum soll ein Land überhaupt Nahrungsmittel exportieren, wenn seine eigene Bevölkerung hungert? Auf diese Frage sind wir noch nicht intensiv eingegangen. Die Wirtschaftstheorie argumentiert, daß ein Land diejenigen Güter produzieren soll, wozu es am besten in der Lage ist. Durch den Export dieser Güter kann das Entwicklungsland dann mehr von anderen Gütern importieren, als es mit denselben Ressourcen (für die Exporte) selbst produzieren könnte. Wenn auf einem Hektar Land, auf dem 20 dz Reis geerntet werden können, jedoch so viel Tee angebaut werden kann, daß man für den Erlös (sprich: Devisen) 50 Doppelzentner Reis kaufen kann, dann bringt dies für das betreffende Land einen Wohlfahrtsgewinn mit sich. Bei entsprechender Verteilung der Nahrungsmittel ist es möglich, die zweieinhalbfache Bevölkerung mit Reis zu versorgen. Durch diese Umwegproduktion ist das Entwicklungsland geradezu in die Lage versetzt worden, seine Bevölkerung zu ernähren. Wenn die Entwicklungsländer nun Nahrungsmittel exportieren – und sie tun das auf freiwilliger Basis, keiner kann sie dazu zwingen –, dann versprechen sie sich davon einen wirtschaftlichen Vorteil. Ihnen diesen Vorteil zu nehmen, behindert eigentlich ihre wirtschaftliche Entwicklung. Es ist etwas zu kurzfristig gefolgert, wenn man von den Entwicklungsländern erwartet, daß sie diese Möglichkeiten der Umwegproduktion – manchmal die einzige Möglichkeit, die Bevölkerung mit Nahrungsmitteln zu versorgen – nicht nutzen sollten.

f) Oft ist vorgeschlagen worden, daß wir, die ethisch Verantwortlichen in den Industriestaaten, auf Agrarexporte aus den Entwicklungsländern verzichten sollten. So beklagt »Brot für die Welt«, daß wir zu Billigstpreisen Futtermittel aus den Entwicklungsländern importieren, sie dann in die Milchproduktion stekken, somit unsere Überschüsse erhöhen, die wir dann subventioniert wieder in die Entwicklungsländer abzusetzen trachten.

Soweit hier Preisverzerrungen erfolgen, ist diese Politik der Europäischen Gemeinschaft abzulehnen. Darüber sind sich alle Wirtschaftspolitiker und Agrarökonomen einig!

Hier liegt aber ein Problem der europäischen Agrarverfassung vor, es geht nicht um das Prinzipielle, die Einbindung der Entwicklungsländer in die internationale Arbeitsteilung. Eine Boykottierung der Agrarimporte aus den Entwicklungsländern ist ökonomisch nicht zu befürworten, weil dadurch dort Armut und Hunger erhöht werden. Die Folgen dieser Politik haben ja nicht wir zu tragen, sondern wiederum die Armen der Entwicklungsländer. Vielmehr sollten wir in Europa unsere Agrarprotektion abbauen, damit die Entwicklungsländer durch Exporte das notwendige Geld verdienen können, um ihre Bevölkerung ausreichend zu ernähren. Immer wenn durch einen Export von Agrarprodukten mehr Kaufkraft geschaffen werden kann, ist es geradezu widersinnig, den Entwicklungsländern diese Möglichkeit zu vereiteln, wie es durch einen Boykott ihrer Agrarexporte ja vorgesehen ist.

g) Der Hunger ist ein ökonomisches Problem, eine Folge der mangelnden Kaufkraft der Armen und nicht ein Problem der Produktion. Es gibt Länder, die nicht in der Lage sind, genug Nahrungsmittel zu produzieren; diesen Ländern ist es gelungen, durch geschickte Einbindung in die internationale Arbeitsteilung dennoch ihre Armen ausreichend mit Nahrungsmitteln zu versorgen. Zwar hilft nicht ein statistisch ausgewiesener Anstieg der Kaufkraft, sondern es muß auch auf die Verteilung der Kaufkraft eingegangen werden. So ist es erforderlich, daß insbesondere die Armen eine höhere Kaufkraft erhalten. Dies wäre dadurch möglich, daß man genug Arbeitsplätze in ländlichen Gebieten zugunsten der Armen zur Verfügung stellt. Da dies nicht ohne weiteres der Fall sein kann, da der Staat nicht über diese Menge an Arbeitsplätzen verfügt, müßte eine internationale Sozialpolitik dafür Sorge tragen, die Kaufkraft der Armen zu erhöhen, so daß sie ihre Grundbedürfnisse befriedigen können. Ein interessanter Ansatz ist beispielsweise das *food stamp-Programm* von Sri Lanka, daß im folgenden Exkurs kurz dargestellt werden soll. Auch Pakistan überlegt z.Zt., ob es ein ähnliches Projekt starten soll.

Exkurs: *Das food stamp-Programm von Sri Lanka*[32]

Zu Beginn des Zweiten Weltkriegs führte Sri Lanka (damals noch Ceylon) eine Reiszuteilung (rice ration scheme) ein, um sowohl Verfügbarkeit als auch eine gerechte Verteilung dieses Grundnahrungsmittels sicherzustellen. Pro Person und Woche wurden (im Zeitablauf unterschiedlich) zwischen zwei bis vier britische Pfund Reis kostenlos jedem Einwohner Sri Lankas zur Verfügung gestellt. Mit geringfügigen Modifikationen blieb das Programm fast vier Dekaden bestehen. Mit Beginn des 30.1.1978 wurden die ersten Veränderungen vorgenommen. Nach dem Erdrutschsieg der UNP (United National Party) strebt die neue Regierung nämlich ein mehr marktwirtschaftliches Konzept an. Dazu gehörte auch eine Umorientierung bei der Reiszuteilung. Am 1.9.1979 wurde dann das *food stamp scheme* in Kraft gesetzt, das bis heute noch in Sri Lanka gilt. Durch dieses *food stamp scheme* wird versucht, die Zielgruppe der Armen direkt zu erreichen, ohne daß es zu Preisverzerrungen kommt, die bei der Produktion störend wirken. Die Reiszuteilung war nur so lange budgetmäßig durchzuführen, wie die Preise niedrig gehalten werden konnten. Wegen der niedrigeren Preise sank die Produktion von Reis (paddy: Rohreis; Reis in der Hülse) stetig ab. Sri Lanka mußte immer mehr kostbare Devisen für den Import des Reises ausgeben. Da dieses budget- und devisenmäßig nicht mehr möglich war, wurde als Ausweg dieses *food stamp-Programm* konzipiert.

Nach diesem Programm bekommen Familien bis zu fünf Personen und mit einem Höchsteinkommen von Rs. (Rupien) 300 pro Monat food- und kerosene-(Leuchtpetroleum)Marken. Die Höhe der food stamps richtet sich nach dem Alter der Empfänger. Diese food stamps, auf Rupien lautende Geldscheine, die nur zum Kauf von Nahrungsmitteln verwendet werden können (gezinktes Geld), bekommen ca. 50 % der Bevölkerung. Empfänger, die jünger als 8 Jahre alt sind, erhalten monatlich 25 Rupien (wenn sie berechtigt sind, diese Marken zu bekommen); 8–12jährige erhalten monatlich 20 Rupien und Personen über 12 Jahren monatlich 15 Rupien. Dazu bekommt jede Familie noch Leuchtpetroleum-Marken mit z.Zt. einem Wert von 15,50 Rupien pro Familie und Monat. Dieses Programm ist seit dem 1. 9. 1979 unverändert in Kraft; nur bei den Leuchtpetroleum-Marken sind die Beträge von 9,50 auf 15,50 Rs. pro Familie erhöht worden.

Mit der Etablierung des food stamp scheme wurde die Subventionierung der Grundnahrungsmittel eingestellt. Die bisherige Subventionierung erreichte alle Schichten der Bevölkerung; das food stamp scheme trifft nur auf die ärmere Hälfte der Bevölkerung zu. So erhielten 1983 7,06 Mio. Personen in 1,62 Mio. Familien food stamps, darunter 789000 Kinder unter 8 Jahren und 749000 Kinder zwischen 8 und 12 Jahren. Die Kosten für dieses Programm betrugen 1,508 Mrd. Rs. (eine Abnahme von 14 % gegenüber 1982). Für kerosene stamps wurden 287 Mio. Rs. 1983 im Vergleich zu 171 Mio. Rs. 1982 ausgegeben. Der Anteil der Ausgaben für food stamps am Gesamtbudget sank kontinuierlich; 1982 betrug der Anteil noch 9 % und 1983 nur noch 6 % des Gesamtbudgets.

Bei diesem food stamp programme (Nahrungsmittelgeld) handelt es sich um auf inländische Währung lautende Coupons, die nur zum Kauf von (bestimmten) Nahrungsmitteln verwendet werden können. Die Höhe der stamps geben das Minimum der Nachfrage nach Nahrungsmittel an. Es besteht zwar die Möglichkeit einer Budget-Substitution, so daß der Haushalt seine freien Budgetmittel nun in verstärktem Maße für andere Güter ausgeben kann; die Nachfrage nach Lebensmitteln wird aber auf jeden Fall steigen, da Lebensmittel keine inferioren Güter sind, d.h. bei steigendem Einkommen also mehr davon nachgefragt wird. Was sind nun die Möglichkeiten und Folgen eines solchen Programms? Vorweg erst einmal einige theoretische Bemerkungen.

– Mit Hilfe eines solchen Nahrungsmittelgeldprogramms ist es möglich, die gesamte Bevölkerung, insbesondere die Armen, mit den notwendigen Grundnahrungsmitteln zu versorgen.

– Es ergeben sich mögliche negative Anreizeffekte, da die Armen davon ausgehen können, daß sie auch ohne intensive Suche nach Arbeit ihr Minimum an Lebensmitteln erhalten. Durch Festlegung der Höhe des Mindestkonsums an Nahrungsmitteln wäre es möglich, diesen negativen Anreizeffekt so gering wie möglich zu halten.

– Die Budgetkosten eines solchen Programms können gewaltig sein. Zu Beginn der Einführung waren ca. 15 % der Budgetmittel für das food stamp programme notwendig.

– Die administrativen Probleme kann nicht jedes Entwicklungsland so wie Sri Lanka lösen. Wegen der gut durchorganisierten Verwaltung ist es möglich, die Einkommensgrenze für die Empfänger einigermaßen exakt zu überprüfen.

– Eine Subventionierung der Nachfrage führt dazu, daß die heimischen Ressourcen besser genutzt werden und ein eigenständiger Entwicklungsprozeß möglich wird. Externe negative Einflüsse von außen werden abgewehrt; insbesondere wird der heimischen Bevölkerung nicht eine fremde Art von Nahrungsmitteln vorgesetzt. Die negativen

Folgen der Nahrungsmittelhilfe sind durch dieses Programm vermeidbar.

– Wie bei allen Grundbedürfnis-Strategien wird die Zielgruppe der Armen direkt erreicht. Das kostspielige Warten auf den Zeitpunkt des »trickle down« (das Niedersickern des ökonomischen Wachstums auf die ärmere Schicht der Bevölkerung), das bei Wachstumsstrategien so problematisch ist, entfällt. Mit Hilfe dieses Programmes ist es möglich, direkt in die Not der Armen hinein die Hilfe zu geben; es bedarf keiner weiteren flankierenden Maßnahme zur Überlebenssicherung.

– Eine höhere Agrarproduktion, die durch die dadurch mögliche Preiserhöhung angereizt wird, vermindert das Zahlungsbilanzproblem.

– Die höheren Agrarpreise fördern ein ausgeglichenes Wachstum; sie ermöglichen eine integrierte ländliche Entwicklung, die insbesondere der Landflucht vorbeugt. So hat man auch in Südkorea festgestellt, daß ein Anheben der landwirtschaftlichen Erzeugerpreise zu einem Abstoppen der Landflucht beiträgt. Die Landwirtschaft wird von vielen Ökonomen bekanntlich als Motor der Entwicklung angesehen. Durch die verbesserten Verdienstmöglichkeiten auf dem Lande ist es möglich, daß dort ein Kleinhandwerk durch die nun mögliche Nachfrage der Bauern existieren kann.

– Ein food stamp-Programm ist allokationsneutral, d.h. Eingriffe in den Preismechanismus entfallen, insbesondere gibt es keine Verzerrungseffekte. Während Subventionen von inputs in den Agrarsektor, wie z.B. verbilligtes Saatgut, verbilligte Herbizide oder Pestizide nur dazu führen, daß diese verbilligten Güter nicht optimal genutzt werden, sind solche Verzerrungseffekte durch das food stamp-Programm nicht zu erwarten. Eine Subventionierung agrarischer Produktionsfaktoren ist nicht notwendig. Jeder Faktor kann so entlohnt werden, wie sein Beitrag an der Produktion es erlaubt.

– Für ärmere Entwicklungsländer ergibt sich die Frage nach der Finanzierung solcher Programme. Jetzt ist aber zu betonen, daß Sri Lanka eines der ärmsten Entwicklungsländer auf der Welt ist. Es war in der Lage, dieses Programm zu finanzieren; sollte das Programm Erfolg haben, wird es mit der Zeit immer preiswerter, da mit seiner Hilfe ein Entwicklungsprozeß auf dem Lande initiiert werden kann und soll. Hier wäre allerdings zu fragen, ob nicht die reichen Industriestaaten einen Teil dieser Kosten übernehmen. Da die Agrarproduktion nicht über Nacht ansteigt, wird ein Teil der zusätzlichen Nachfrage wieder als Nachfrage nach Nahrungsmitteln in die westlichen Industrieländer zurückfließen.

Diese Importe von Nahrungsmitteln haben dann allerdings keinen Verzerrungseffekt mehr wie sie bspw. die Nahrungsmittelhilfe hat. Allerdings müßte die Kostenbeteiligung degressiv sein, so daß die Eigenanstrengungen der Entwicklungsländer nicht gemindert werden. Die Auswirkungen des food stamp-Programms auf die Ökonomie Sri Lankas möchte ich jetzt noch kurz skizzieren.

Eine exakte empirische Überprüfung der Auswirkungen dieses Programms ist schwierig. Es liegen nicht genug Beobachtungspunkte vor, um eine sinnvolle ökonometrische Analyse durchzuführen. Außerdem spielen in der Landwirtschaft auch andere Faktoren kurzfristig eine Rolle. Da wären bspw. die Wetterbedingungen zu nennen, die in Sri Lanka sowohl 1981 als auch zu Beginn des Jahres 1982 der Landwirtschaft sehr zuwider waren. Aber auch die input-Preise sind bedeutsam. So wurden die Preise für Düngemittel mehrmals drastisch geändert. Ebenso ist auf die Anbausubstitution zu achten; durch eine Veränderung der relativen Preise kann es nämlich zu einer Umstellung der Produktionsstruktur in der Landwirtschaft kommen; wenn die Preise für Reis erhöht werden, kann es sein, daß die Produktion anderer landwirtschaftlicher Produkte, wie z.B. Sorghum oder Kassawa sinkt.

So will ich nur deskriptiv einige Daten vorstellen: Die Produktion von paddy (Rohreis) lag in Sri Lanka 1971 bei 66,9 Mio. Bushel. 1972 und 1973 lag sie bei 62,9 Mio. Bushel; 1974 stieg sie auf 76,8 Mio. Bushel, um 1975 auf 53,5 Mio. Bushel zu sinken. 1976 betrug die paddy-Ernte 60 Mio. Bushel. 1977 begannen die ökonomischen Reformen. Der Paddy Marketing Board (PMB), der bis 1977 den Markt und die Preise kontrollierte, verlor an Einfluß. Er bekam seine ursprüngliche Funktion zurück, nämlich die Produzentenpreise zu stabilisieren. So sollten bestimmte Mindestpreise nicht unterschritten werden, da funktionslose Preisbewegungen ja bekanntlich vermieden werden müssen. Der food commissioner bekam die Aufgabe, die Konsumentenpreise zu stabilisieren, d.h. mit Hilfe von Reisreserven zu starke Preisabweichungen nach oben abzubremsen.

1977 stieg dann die paddy-Produktion um 34 % auf 80,4 Mio. Bushel. Im November 1977 wurde der garantierte Mindestpreis von Rs. 33 auf Rs. 40 erhöht. Die Produktion stieg im Jahre 1978 nochmals um 12 % auf 90,6 Mio. Bushel an. 1979 blieb die Produktion mit 91,9 Mio. Bushel ungefähr konstant. 1980 stieg sie um 11 % auf 102,2 Mio. Bushel. Im November 1980 wurde der Mindestpreis auf Rs. 50 erhöht und im Februar 1981 auf 52,50 Rs. sowie im September 1981 auf Rs. 57,5 und im März 1983 nochmals auf 62,50 Rs. Der freie Marktpreis lag jedoch über diesem garantierten Mindestpreis. 1980 betrug er Rs. 60, 1981 schwankte er zwischen Rs. 65 und Rs. 74; 1982 lag der Erzeugerpreis im Durchschnitt bei Rs. 72 und 1983 bei Rs. 74,49. Die Produktion stieg 1981 auf 106,8 Mio. Bushel. Wegen des schlechten Wetters – insbesondere in der Maha-Saison (September/Oktober als Saatzeit und März/April als Erntezeit) sank die Produktion 1982 auf 103,3 Mio. Bushel. Sie konnte 1983 auf 119 Mio. Bushel gesteigert werden. Seit den ökonomischen Reformen ist also ein kontinuierlicher Anstieg der Erzeugerpreise, der Mindestpreise und der produzierten Menge festzustellen.

Auch bei den ha-Erträgen ist ein Aufwärtstrend zu entdecken. 1976 wurden noch 2253 kg/ha geerntet. 1983 betrugen die ha-Erträge schon 3591 kg, was einer Steigerung von 37 % entspricht. Durch die höhere Produktion von Reis konnte der Importanteil des Reises gesenkt werden. Noch 1978 mußten 11,4 % des Reises eingeführt werden, 1983 war der Importanteil null.

Beim Studium der einzelnen Berichte der Regierung und der Zentralbank von Sri Lanka fällt auf, daß immer wieder darauf hingewiesen wird, daß sich Sri Lanka auf dem Weg zur Selbstversorgung mit Grundnahrungsmitteln befindet. Die Produktions- und Produktivitätssteigerungen werden dabei auf die erhöhten Preise, die Marktpreise geworden sind, zurückgeführt.

Sri Lanka, eines der ärmsten Länder auf dieser Erde, hat mit seiner Preispolitik die Agrarproduktion erheblich steigern können. Das soziale Problem hat die Regierung mit den food stamps gelöst; durch diese Einkommenstransfers ist die Allokation nicht behindert worden; die dynamischen Effekte eines marktwirtschaftlich orientierten Systems hat Sri Lanka in der Landwirtschaft ausschöpfen können. Die einzelnen Entwicklungsländer sind sich dessen bewußt, daß die Preise für Agrarprodukte angehoben werden müssen. Politisch waren sie dazu jedoch nicht in der Lage, wie die Beispiele Ägyptens, Tunesiens oder auch Polens zeigen. Mit Hilfe eines food stamp-Programms war es nun möglich, die sozialpolitische Seite und die produktionstheoretische Seite gleichzeitig anzufassen. Die Produktionspreise konnten angehoben werden, ohne daß es nachteilige Folgen für die Ärmsten des Landes hatte, die Preiserhöhung für Agrarprodukte konnte durch das food stamp-Programm sozialpolitisch abgefedert werden.

Meines Erachtens sollten die Entwicklungshilfebemühungen verstärkt in diese Richtung gehen. Sozialpolitische Programme, die zur Abfederung der erforderlichen Agrarpreiserhöhung notwendig sind, sollten von den Industrieländern unterstützt werden. So kann indirekt der Hunger effektiver bekämpft werden, als bspw. mit Instrumenten wie der Nahrungsmittelhilfe oder anderen Programmen, die allein an der Produktionsseite zur Überwindung des Hungers ansetzen.

Die Rolle der transnationalen Konzerne

Die transnationalen Konzerne (TNK) werden heftig von den Entwicklungsländern und den ethisch Gesinnten in den Industrieländern attackiert, weil sie – ihrer Meinung nach – die Entwicklungsländer ausbeuten und somit einen sinnvollen Entwicklungsprozeß aufhalten oder verhindern. Die Einzelkritik an verschiedenen Handlungen der multinationalen Konzerne ist sicherlich berechtigt; die generelle Kritik an den TNKs ist es sicherlich nicht. Nicht alle TNKs verhalten sich nämlich so, daß sie die Durchführung der Entwicklungspläne der einzelnen Staaten behindern; im Gegenteil ist zu beobachten, daß diese Konzerne auch erhebliche positive Impulse für die wirtschaftliche Entwicklung geben.

Hier ist zuerst zu erwähnen, daß das Gros der direkten Investitionen in den Entwicklungsländern von den TNKs der Industriestaaten durchgeführt wird. Zu Beginn der 80er Jahre ist allerdings eine Änderung insoweit zu beobachten, daß transnationale Unternehmen aus Argentinien, Brasilien, Kolumbien, Hongkong, Indien, Südkorea, Peru, den Philippinen, Singapur, Taiwan und auch den OPEC-Staaten in verstärktem Maße in den ärmeren Entwicklungsländern investieren.

Das Hauptargument gegen die transnationalen Konzerne ist ihre wirtschaftliche Kraft, die insbesondere deutlich wird, wenn man sie mit den Möglichkeiten einzelner Entwicklungsländer vergleicht. So war bspw. die Produktion von Exxon und General Motors größer als das Volkseinkommen der Türkei, Argentiniens oder Jugoslawiens (48,6 Mrd. $ bzw. 47,2 Mrd. $ gegenüber 41,2 Mrd. $ bzw. 40,7 Mrd. $ oder 37,7 Mrd. $ – Daten von 1976). Der Umsatz von IBM war 1976 ebenso hoch wie das Volkseinkommen Thailands. Der Umsatz von Standard Oil (California) bzw. British Petroleum (19,4 Mrd. bzw. 19,1 Mrd. $) war höher als das Volkseinkommen Taiwans mit 17,1 Mrd. $. Texaco mit 26,4 Mrd. $ Umsatz übertraf das Volkseinkommen Südkoreas, das 25,3 Mrd. $ betrug. Es ist verständlich, daß in Verhandlungen mit den Regierungen der Entwicklungsländer diese Unternehmen eine starke Position einnehmen können. Was sind nun die Vor- und Nachteile der wirtschaftlichen Aktivitäten der transnationalen Unternehmen in den Entwicklungsländern?

Vorteile

TNKs helfen der externen Finanzierung der notwendigen Investitionen aus den Industriestaaten. Die sog. Sparlücke und die Zahlungsbilanzdefizite mit ihren negativen Folgen können durch die Investitionen der TNKs überwunden werden, so daß der Entwicklungsprozeß der einzelnen Entwicklungsländer leichter zu finanzieren ist. Mit Hilfe der TNKs ist es ebenfalls möglich, besondere Dienstleistungen oder spezialisierte Güter, die für die einheimische Produktion notwendig sind, zu erhalten. Standardbeispiele, die immer wieder genannt werden, sind ein Unterwasseringenieursystem für das off shore-Ölbohren oder die sonst nicht aufbaubaren Computer-Kapazitäten, um Stärke und Gewicht bspw. einzelner Komponenten eines Staudamms zu berechnen und zu entwerfen. Viele Projekte der Entwicklungsplanung wären ohne transnationale Unternehmen in den Entwicklungsländern nicht durchführbar.

Auf die Aktivseite muß man ebenfalls buchen, daß die transnationalen Unternehmen ausländische Technologie zur Verfügung stellen und durch Innovationen die einheimische Produktivität der Produktionsfaktoren verbessern können. TNKs haben ebenfalls die Möglichkeit, vorhandene Technologien auf die notwendigen Prozesse in den EL anzuwenden und durch Produkt- und Prozeßinnovationen neue Inventionen in den Entwicklungsländern einzuführen. Es besteht ebenfalls die Möglichkeit, Management und Unternehmertum, einen sehr raren Produktionsfaktor in den Entwicklungsländern, zur Verfügung zu stellen. Bekanntlich hängt der wirtschaftliche Erfolg auch von der Motivation, der Existenz und der moralischen Integration der Unternehmerschicht ab. Diese Unternehmer sind in den Entwicklungsländern kaum zu finden, was z.T. davon herrührt, daß in planwirtschaftlichen Systemen Unternehmer sich kaum heranbilden.

Durch TNKs können auch Kontakte zu Bankengruppen, Märkten, Angebots- und Nachfragelinien im Ausland angebahnt werden, die den Entwicklungsländern sonst verborgen geblieben wären. Ansonsten wird noch genannt, daß die transnationalen Unternehmen zur Erhöhung der Steuereinnahmen und des Bruttosozialprodukts beitragen. Je nach den vorwärts oder rückwärts gelagerten Verkettungseffekten kann es zu Nachfrage- und Arbeitsmarkteffekten durch die TNK kommen. Unter Verkettungseffekten sind dabei die Verbindungen zu anderen Branchen zu verstehen. Wenn bspw. die Automobilindustrie betrachtet wird, so kann man feststellen, daß sie für einige Branchen Produkte herstellt, die jene bei ihrer Produktion brauchen, das wären Vorwärtsverkettungseffekte; es ist aber ebenfalls festzustellen, daß die Automobilindustrie bestimmte Produkte nachfragt (wie Reifen, Lichtmaschinen usw.), die die nachgelagerten Verkettungseffekte darstellen. Je stärker die Verkettungseffekte der Produktion der transnationalen Unternehmen, desto besser sind die Entwicklungsvorteile, die sich aus der Existenz solcher Unternehmen für die Entwicklungsländer ergeben können.

Nachteile

Das Wirken der TNKs in den Entwicklungsländern bringt aber nicht nur Vorteile, sondern auch mögliche hohe Kosten mit sich. In diesem Zusammenhang werden die folgenden kritischen Einwände des öfteren genannt:

Durch die transnationalen Konzerne kann die technologische Abhängigkeit vom Ausland erhöht werden. Es mag nämlich im Interesse der Muttergesellschaft sein, Informationen über Produktionsgeheimnisse, Patente oder anderes technisches Knowhow den Tochtergesellschaften zu verweigern, um eine potentielle Konkurrenz unmöglich zu machen. So hat beispielsweise die Firma Coca Cola es vorgezogen, Indien zu verlassen, anstatt ihr Mischgeheimnis mit lokalen Interessenten zu teilen. Das Wirken der TNKs kann auch zu einer industriellen und technologischen Konzentration führen und damit ebenfalls das Entstehen eines örtlichen Unternehmertums hindern. Man spricht in diesem Fall davon, daß der Dualismus in der Wirtschaftsstruktur der Entwicklungsländer zunimmt. Die Entwicklungsländer werfen den transnationalen Unternehmen ebenfalls vor, daß sie oft Produkte einführen, die dem Entwicklungsland nicht gemäß seien. Hier ist insbesondere darauf zu verweisen, daß die transnationalen Konzerne besonders kapitalintensiv produzieren, daß ihre Produktion also nur wenige – dafür aber hochqualifizierte – Arbeiter benötigt. Durch diese Art des technischen Fortschritts, des kapitalintensiven technischen Fortschritts, der durch die transnationalen Konzerne eingeführt wird, kann sich die Arbeitslosigkeit in den Entwicklungsländern mit den gravierenden sozialen Folgen erhöhen.

Durch das Wirken der TNKs kann es auch zu einer stärkeren Ungleichheit in der Einkommensverteilung kommen, da ihre Arbeitnehmer oft erheblich höhere Löhne erzielen als die Arbeitnehmer einheimischer Firmen. Dadurch werden die schon wohlhabenden Arbeiter, die vielleicht eine besonders gute Ausbildung genossen haben, in den Entwicklungsländern bevorzugt. Es wird den transnationalen Unternehmen ebenfalls vorgeworfen, daß sie Steuern insoweit hinterziehen, da sie Investitionskosten zu hoch und die Preise zu niedrig ansetzen. So können die Produkte, die die Tochtergesellschaften von den Muttergesellschaften beziehen, zu überhöhten Preisen fakturiert werden, während die Produkte, die das Tochterunternehmen an die Muttergesellschaft liefert, zu niedrigen Preisen abgerechnet werden. Dadurch ist es möglich, die internen Gewinne in das Mutterland zu transferieren, ohne daß daran der Fiskus der Entwicklungsländer steuerlich partizipiert. Diese Vermutung wird dadurch bestätigt, daß die transnationalen Gesellschaften oft eine Politik verfolgen, die von den Tochtergesellschaften verlangt, die inputs (Vorprodukte und andere notwendige Faktoren) von den Muttergesellschaften zu kaufen und eben nicht, was ökonomisch sinnvoller wäre, von den lokalen Unternehmen. Dadurch können die TNKs ihrem Gastland auch Zahlungsbilanzprobleme aufbürden, wenn sie Gewinne, Gebühren und andere Zahlungen an die Muttergesellschaften überweisen. So wird oft behauptet, daß die abfließenden Devisen erheblich höher seien als die während der Investitionsphase zufließenden Devisen.

Negativ vermerkt wird auch der mögliche Einfluß der transnationalen Unternehmen auf die Politik der Entwicklungsländer. So kommt es oft zur überhöhten Protektion, zu Steuerkonzessionen an die TNKs, zu Subventionen, zur verbilligten Bereitstellung der Infrastruktur usw. Durch die Möglichkeit, höhere Löhne zu bezahlen, werden oft knappe einheimische Facharbeiter der Binnenwirtschaft entzogen. Dies hat negative Auswirkungen auf die anderen Gesellschaften, so daß ein Entwicklungsprozeß, der von einheimischen Fachkräften und Unternehmen getragen wird, gefährdet wird. Oft haben auch die transnationalen Konzerne die Möglichkeit, die lokalen Märkte finanziell anzuzapfen, wodurch ebenfalls für die Entwicklungsländer hohe Opportunitätskosten anfallen. Bekanntlich fehlt es in den Entwicklungsländern oft an internen Ersparnissen, so daß die transnationalen Konzerne, die hohe Sicherheiten bieten können, der heimischen Industrie Investitionsmöglichkeiten wegnehmen.

Schwierigkeiten bestehen immer dann, wenn die transnationalen Unternehmen im Sinne der Muttergesellschaften ihre wirtschaftspolitischen Entscheidungen treffen und dabei nicht auf die Wirtschaftspolitik und die Entwicklungsmöglichkeiten der Entwicklungsländer eingehen.

Es ist schwierig, Nutzen und Kosten abzuwägen, da es hier oft auf den Einzelfall ankommt. Falsch ist es dennoch, generell die wirtschaftlichen Aktivitäten der transnationalen Konzerne in den Entwicklungsländern zu verteufeln; man sollte aber insbesondere durch starke Publizierung von Fehlverhalten die transnationalen Konzerne dazu überreden, sich entwicklungskonform zu verhalten. Hohe Gewinne der TNK sind jedoch oft eine Folge der Wirtschaftspolitik des Gastlandes, insbesondere der inflationistischen Rahmenbedingungen.

Handelsbeschränkungen behindern den Entwicklungsprozeß

Bei der Beantwortung der Frage, ob wir auf Kosten der Dritten Welt leben, ist es wichtig, auch die Handelsbeschränkungen der Industriestaaten zu nennen. Entgegen dem Rat der Wissenschaft und der Wirtschaftspolitiker wird in den Industriestaaten oft eine Erhaltungssubvention an veraltete Industrien gezahlt. Anstatt sich an den neuen Trend anzupassen, versucht man in den Industriestaaten mit den enormen finanziellen Mitteln, die man hat, verkrustete wirtschaftliche Strukturen zu erhalten. Dies verursacht hohe Budgetkosten und vermindert die Wohlfahrt in den Industrieländern; es verstößt gegen das Prinzip des komparativen Vorteiles. Denn auch die Industrieländer sollten sich in den Bereichen vornehmlich wirtschaftlich betätigen, in denen sie relative Kostenvorteile haben. Das heißt, daß auch den Entwicklungsländern ihr Anteil an der internationalen Arbeitsteilung zugestanden werden muß. Womit sollen sie bezahlen, wenn die Industrieländer alle Produkte selber herstellen wollen? So ist insbesondere im Bereich der Fasern zu beobachten, daß hier die komparativen Vorteile der Entwicklungsländer sich nicht voll einbringen lassen. Die Industrieländer versuchen die Entwicklungsländer zu sog. freiwilligen Selbstbeschränkungsabkommen zu zwingen, mit deren Hilfe Importe von Fertigwaren aus den Entwicklungsländern zurückgedrängt werden. Dabei handelt es sich vornehmlich um Importe aus Schwellenländern, Ländern, die mit einem Bein schon die Industrialisierung geschafft haben. Eine konsequente Ausübung dieser Politik hindert die Entwicklungsländer in ihrer Entwicklung; sie können ihre komparativen Vorteile, die sie haben, und die sie voll ausspielen sollen, nicht nutzen. In dieser Weise schützen wir in den Industrieländern unsere Arbeitsplätze auf Kosten der Dritten Welt. Hier wären u.a. Beschränkungen im Stahl-, Textil- und Werftbereich zu nennen. Verstärkt müßte die Kritik hier ansetzen, da den Entwicklungsländern dadurch große Möglichkeiten zu ihrer wirtschaftlichen Entwicklung genommen werden. Es ist unsinnig, ihnen Nahrungsmittelhilfe zu liefern, Nahrungsmittel, die wir im Überfluß produzieren, und ihnen Möglichkeiten, ihre Nahrungsmittel (beispielsweise durch Textilexporte) selbst zu verdienen, zu nehmen. Hier hätten insbesondere Kirchen die Möglichkeit, mahnend auf die ethische Verantwortung der Regierungen der Industrieländer hinzuweisen.

Allerdings wird es einen Konflikt geben, wenn dadurch Arbeitsplätze in den Industriestaaten gefährdet sind. So ist es verständlich, daß Gewerkschaften solcher Wirtschaftszweige sich gegen den freien Welthandel und gegen den freien Import aus Entwicklungsländern wenden. In diesem Bereich den Interessengruppen nachgeben, führt zu einer wirtschaftspolitischen Heuchelei, wenn dann anschließend Entwicklungshilfe in irgend einer anderen Form an jene Länder geleistet wird; insbesondere ist nicht einzusehen, daß mit Hilfe der technischen Entwicklungshilfe Produktionskapazitäten aufgebaut werden, denen dann die Möglichkeit für Exporte nicht geboten wird.

Der Aufruf, zum einfachen Leben zurückzukehren

Neben der direkten Ausbeutung durch einen ungleichen Tausch in den Handelsbeziehungen wird uns die Verschwendung der knappen Ressourcen dieser Erde vorgeworfen. Würden wir in den Industriestaaten sparen und einfacher leben, dann bliebe mehr für die Armen übrig. Der Vergleich einiger Zahlen möge dies illustrieren: 1980 lebten in den 33 ärmsten Entwicklungsländern ca. 50 % der Menschheit; der Anteil am Volkseinkommen betrug knapp 5 %; der Anteil an der kommerziellen Energie knapp 10 % des Weltenergieverbrauchs. Die 19 marktwirtschaftlich organisierten Industrieländer stellten 16 % der Weltbevölkerung; sie erwirtschafteten 65 % des Welteinkommens und verbrauchten 56 % der auf der Erde erzeugten Energie. Relativ gesehen sind wir ungemein reich. Den Menschen in den Entwicklungsländern steht im Durchschnitt nur ein Zehntel von dem zur Verfügung, was ihnen (bei gleicher Verteilung des Einkommens) zustehen müßte. Haben wir nicht genug? Sollten wir nicht aufhören, noch höhere Wachstumsraten anzustreben in Anbetracht der nur begrenzt vorhandenen Rohstoffe auf dieser Erde?

Akzeptiert man das Ziel einer besseren Güterversorgung in den Entwicklungsländern, dann erscheint es folgerichtig, daß die Industriestaaten auf ihren Wachstumsspielraum zugunsten eines erhöhten Wirtschaftswachstums der Entwicklungsländer verzichten. Wenn wir von einer Steigerung des Rohölverbrauchs absehen, so bleibt – könnte man meinen – Rohöl für die Entwicklungsländer übrig, mit dem dann dort Bewässerungsanlagen betrieben, Kunstdünger hergestellt und dadurch mehr Nahrungsmittel produziert werden können. Unser Wachstumsverzicht hätte außerdem noch positive ökologische Folgen, da unsere Umwelt nicht weiter so stark belastet würde.

Allerdings muß eingewendet werden, daß es nicht um einen Wachstumsverzicht schlechthin geht. In der volkswirtschaftlichen Gesamtrechnung, die der Berechnung der Wachstumsraten des Volkseinkommens zugrundeliegt, werden alle in einer Periode produzierten Güter und Dienstleistungen zum Sozialprodukt gerechnet. Dazu gehören so verschiedene Dinge wie die Produktion von PKWs, die Gehälter der Lehrer, der Bau eines Schwimmbades oder die Ausgaben zur Erforschung neuer umweltschonender Energiequellen.

Der Bau eines Filters für ein Kohlekraftwerk erhöht das Volkseinkommen ebenso wie die Erforschung und Entwicklung umweltfreundlicher PKWs oder die Anstellung eines weiteren Lehrers. Es wäre ein Unding, dieses Wachstum nicht zu wollen. Man muß also hier zwischen qualitativem (erwünscht!) und quantitativem (eher unerwünscht) Wachstum unterscheiden.

Diese Beispiele haben hoffentlich deutlich gemacht, daß es eben nicht um einen Wachstumsverzicht schlechthin gehen kann, sondern mehr um die Frage, welche Güter vermehrt bzw. vermindert produziert werden sollten. Über die Struktur unseres Wachstums muß verstärkt nachgedacht werden.

Es gibt Wachstumsmöglichkeiten, die das Entwicklungspotential der Dritten Welt nicht beeinträchtigen. Diese sollten verstärkt gefördert werden. Die Idee, daß es nur einen fest vorgegebenen Kuchen zu verteilen gibt, ist falsch. Einkommen muß nicht nur verteilt, sondern auch verdient werden. Umgekehrt kann unser Wachstum sogar der Dritten Welt Entwicklungschancen eröffnen, wenn wir dadurch mehr Produkte dieser Länder nachfragen und mehr Entwicklungshilfeleistungen zur Verfügung stellen können. Ökonomische Studien haben nämlich gezeigt, daß die Einfuhren – auch die Einfuhren aus den Entwicklungsländern – u.a. von der Höhe unseres Volkseinkommens abhängig sind. Die gegenwärtige Finanzkrise belegt ebenso, daß Stagnation die finanziellen Möglichkeiten des Staates für eine Umverteilung einschränkt. Entwicklungshilfe muß ebenfalls als eine Umverteilung, eine internationale Umverteilung, angesehen werden. Konsumverzicht als Ausdruck eines alternativen Lebensstils, wenn er auch Einkommensverzicht bedeutet, kann, wenn er im großen Maßstab erfolgt, ohne weiteres das Gegenteil von dem erreichen, was gewünscht war, nämlich eine Behinderung der Entwicklungsmöglichkeiten der Entwicklungsländer.

Es geht um die Struktur unserer Wirtschaft

Anders ist die Forderung zu beurteilen, wenn wir nicht von einem generellen Wachstumsverzicht ausgehen, sondern die Frage nach der Struktur unserer Wirtschaft aufrollen. Hier könnte es sinnvoll sein, durch Wachstumsverzicht in einzelnen Bereichen und Branchen den Entwicklungsländern einen lohnenden Platz in der weltweiten arbeitsteiligen Wirtschaft einzuräumen und sie eben nicht durch Selbstbeschränkungsabkommen (Welttextilabkommen oder Multifaser-Abkommen) zu behindern.

Wir müssen aber auch den Gedanken untersuchen, ob unser

Einkommensverzicht unbedingt zu einer Erhöhung des Einkommens in der Dritten Welt beiträgt. Hier wäre anzumerken, daß vieles, was zu unserem Einkommen zählt, auf eigener Leistung beruht, einer Leistung, die in keiner Weise von den Entwicklungsländern berührt wird. Unser Konsumverzicht bringt ceteris paribus (bei sonst gleichen Bedingungen) den Entwicklungsländern gar nichts. Wir sind nicht reich, weil die Entwicklungsländer arm sind; bzw. die Entwicklungsländer sind nicht arm, weil wir im Überfluß leben, sondern ökonomische und gesellschaftliche Strukturen in den Entwicklungsländern verhindern dort einen ökonomischen Wachstumsprozeß.

So hindert bspw. die verständliche Zuwendung zum Sozialismus (als Alternative zum verhaßten Kapitalismus der Kolonialmächte) die wirtschaftliche Entwicklung. Verbunden ist der Sozialismus mit einer Bürokratisierung, die ebenso die Flexibilität wie die Effizienz in den Ländern der Dritten Welt beeinträchtigt. Falsch verstandene Preispolitiken – nämlich die niedrigen Preise für Agrargüter aufgrund sozialpolitischer Überlegungen – gefährden ebenfalls (wie gezeigt) die Ernährungssicherung und den ökonomischen Fortschritt. Eine Verbesserung der internen Strukturen in den Entwicklungsländern würde den meisten Entwicklungsländern ein erheblich höheres Wohlfahrtsniveau sichern, ohne daß dadurch der Lebensstandard der Industrieländer in irgendeiner Weise berührt wird. So hat auch der Erfinder der Entwicklungshilfe, Gunnar Myrdal, beklagt, daß das größte Hemmnis der Entwicklung intern verursacht wird, insbesondere durch die Nichtwilligkeit der heimischen Eliten, eine sachgemäße Wirtschaftspolitik zugunsten der Ärmsten durchzuführen. Myrdal will Entwicklungshilfe deshalb nur noch als Sozialhilfe durchgeführt wissen. Durch diesen Vorschlag will Gunnar Myrdal erreichen, daß die Hilfe den Armen direkt zugute kommt, ohne daß sich die Eliten damit die eigenen Taschen füllen. Nicht umsonst ist die Entwicklungshilfe scherzhaft einmal so definiert worden: »Entwicklungshilfe heißt, den Armen der reichen Länder etwas fortzunehmen, um es den Reichen der armen Länder zu geben!«

Da der Aufruf zum einfacheren Leben auch von evangelikaler Seite häufig erfolgt, will ich in einem Exkurs auf einige Aspekte zu diesem Aufruf eingehen.

Exkurs: *Reichtum, Besitz, Evangelium und Entwicklungshilfe*

»Gute Nachricht für die Armen ist schlechte Nachricht für die Reichen« behauptete der Kapstädter Theologe Alan Boesak. Aus diesem Zitat wird eine geläufige Meinung in den Kirchen deutlich, daß Reichtum nämlich nicht geschaffen, sondern geraubt, gewaltsam angeeignet wurde. Eigentum und Besitz wird als Diebstahl angesehen, wie es schon der französische Philosoph Proudhon einst behauptete: »Le propriété c'est le vol (Eigentum ist Diebstahl).«

Insbesondere vom Hintergrund der Armut in der Dritten Welt her gesehen, werden die reichen Christen in den Industriestaaten gefragt, ob sie mit ihrem Besitz nach biblischen Maßstäben umgegangen sind. Wieso sind sie so reich? Warum sind die Menschen in der Dritten Welt so arm? Wieso ist es nicht gelungen, den Reichtum dieser Erde gleichmäßiger zu verteilen? So heißt es in Art. 5 der Lausanner Verpflichtung u.a.:[34]

Die Botschaft des Heils schließt eine Botschaft des Gerichts über jede Form der Entfremdung, Unterdrückung und Diskriminierung ein. Wir sollen uns nicht scheuen, Bosheit und Unrecht anzuprangern, wo immer sie existieren.

Und im Art. 9 dieser Lausanner Verpflichtung steht:

»Die Armut von Millionen erschüttert uns alle. Wir sind verstört über die Ungerechtigkeit, die diese Armut verursacht. Wer im Wohlstand lebt, muß einen einfachen Lebensstil entwickeln, um großzügiger zur Hilfe und Evangelisation beizutragen.«

In seiner Auslegung und Erläuterung schreibt John Stott dazu:

». . . Wir werden zwar nicht alle dieselbe Definition von Gerechtigkeit und Ungerechtigkeit geben oder die gleichen Vorstellungen über wirtschaftliche Zusammenhänge und Abhilfe teilen oder glauben, daß Gottes Wille auf eine ausgeglichene Gesellschaft ausgehe, in der selbst kleinste Unterschiede von Einkommen und Besitz nicht geduldet werden. Trotzdem sind wir erschüttert von der Armut, d.h. von der Unzahl von Menschen, die nicht genug zu essen haben, deren Unterkunft und Kleidung ungenügend und deren Möglichkeiten für Ausbildung, Beschäftigung und medizinische Versorgung äußerst gering sind. Jeder einsichtige Christ sollte schockiert sein von diesem Zustand und sich niemals daran so gewöhnen, daß es ihn nicht mehr bewegt (Jes. 58,6.7).

Darüber hinaus muß, *wer von uns im Wohlstand lebt,* seine besondere *Pflicht* begreifen. Dies schließt die meisten Menschen im Westen ein, wo das durchschnittliche Einkommen 15 mal so groß ist wie das der Menschen in den Entwicklungsländern. Ebenso gilt sie einer kleinen Minderheit von reichen Bürgern in der Dritten Welt. Unsere Pflicht ist es, *einen einfachen Lebensstil zu entwickeln.* Vielleicht hat kein Ausdruck in der Verpflichtung ernsteres Nachdenken unter denen, die möglicherweise unterschreiben wollten, verursacht, als gerade dieses Wort. Was bedeutet es für den Menschen im Wohlstand, einen einfachen Lebensstil zu entwickeln? Manche wünschten, daß das Adjektiv in der Steigerung gestanden hätte und lautete: »Einen einfacheren Lebensstil«. Aber selbst das würde Probleme mit sich bringen. Wieviel einfacher? Und in jedem Fall einfacher als was? Die Wahrheit ist, daß Begriffe wie »Armut, Einfachheit« und »Freigebigkeit« nur relativ sind und für verschiedene Menschen verschiedenes bedeuten.... Jeder Christ sollte mit dem Notwendigen des Lebens zufrieden sein (1. Tim. 6,6–8), aber jeder Christ muß seine eigene gewissenhafte Entscheidung vor Gott fällen, wo für ihn die Grenze zwischen Notwendigkeit und Luxus liegt. Es ist sicherlich eine Sünde, zu viel zu essen und Nahrung zu verschwenden, besonders wenn so viele vor Hunger sterben. Was Besitz angeht, so ist ein Weg zur Entscheidung, ob wir etwas *nötig* haben, der, zu fragen, ob wir es auch benützen. Denn offensichtlich benötigen wir nicht, was wir nicht benützen. Dies könnte wenigstens für uns alle ein Anfang sein, jährlich all unseren Besitz (einschließlich der Kleidung) durchzugehen, um herzugeben, was wir nicht benutzen.«

Der Artikel schließt mit der Feststellung, daß die Entwicklung eines einfachen Lebensstils nicht nur in sich selbst richtig ist, wo man in Sorge um die Armen sich mit ihnen solidarisch erklärt, sondern dies helfe uns auch, *großzügiger zur Hilfe und Evangelisation beizutragen,* denn diese guten Werke sind fast überall behindert durch einen Mangel an Geld.

1980, sechs Jahre nach dem internationalen Kongreß für Weltevangelisation in Lausanne, trafen sich in London 80 Christen aus 27 Ländern, um über den Beschluß, einen einfachen Lebensstil zu entwickeln, weiter nachzudenken. Das Ergebnis ihres Nachdenkens ist als »Londoner Verpflichtung« bekannt geworden.[35] In Art. 3 mit der Überschrift »Armut und Reichtum« wird u.a. folgendes ausgesagt:

»Wir bekennen, daß unfreiwillige Armut eine Beleidigung der Güte

Gottes ist. In der Bibel wird Armut in den Zusammenhang mit Machtlosigkeit gebracht, da sich die Armen nicht selbst schützen können. Gott ruft die Herrschenden auf, ihre Macht zur Verteidigung der Armen einzusetzen und nicht zu ihrer Ausbeutung.

Die Kirche muß sich mit Gott und den Armen gegen die Ungerechtigkeit stellen, muß mit ihnen leiden und die Herrschenden aufrufen, ihre ihnen von Gott zugedachte Aufgabe zu erfüllen. Wir haben darum gerungen, daß sich unsere Köpfe und unsere Herzen für die unbequemen Worte, die Jesus über den Reichtum sagt, öffnen. »Hütet euch vor aller Habgier« sagte er und: »niemand lebt davon, daß er viele Güter hat« (Luk. 12,15). Wir haben auf seine Warnung vor den Gefahren des Reichtums gehört. Reichtum bringt Sorgen, Nichtigkeit und falsche Sicherheit, die Unterdrückung der Schwachen und Gleichgültigkeit gegenüber den Leiden der Bedürftigen. Deshalb ist es für einen Reichen schwer, in das Reich Gottes zu kommen (Matth. 19,23), und der Habgierige wird sogar ausgeschlossen sein. Das Reich Gottes ist ein freies Geschenk, das allen angeboten ist, aber es ist ganz besonders für die Armen die gute Nachricht, denn sie werden den größten Nutzen aus den Veränderungen ziehen, die es mit sich bringt.

Wir glauben, daß Jesus noch immer Menschen (vielleicht sogar uns) dazu beruft, ihm in einem Lebensstil völliger, freiwilliger Armut nachzufolgen. Er ruft alle, die ihm folgen, in eine innere Freiheit von den Verführungen des Reichtums (denn es ist unmöglich, Gott und dem Geld zu dienen) und zu großzügigem Opfer (»reich sein an guten Werken, freigiebig und bereit sein zu teilen«, 1. Tim. 6,18).

Motivation und Vorbild für eine christliche Großzügigkeit ist kein anderer als Jesus Christus selbst, der, obwohl reich, doch arm wurde, damit wir durch seine Armut reich würden (2. Kor. 8,9). Es war eine teure, bewußte Selbstopferung. Wir suchen seinen hilfreichen Beistand, um seinem Beispiel folgen zu können. Wir entschließen uns, arme und unterdrückte Menschen kennenzulernen, um von ihnen zu erfahren, wie sich Ungerechtigkeiten auswirken, um Erleichterung für ihr Leiden zu finden, und sie in unsere Gebete regelmäßig einzubeziehen.«

Und unter Art. 5 mit der Überschrift »Persönlicher Lebensstil« heißt es u.a.:

»... Wir beabsichtigen, unser Einkommen und unsere Ausgaben zu überprüfen, damit wir mit weniger auskommen und mehr geben können. ...

Jedoch beschließen wir, auf Verschwendung zu verzichten und der

Extravaganz im persönlichen Leben, in Kleidung, Wohnung, bei Reisen und Kirchenbauten zu widerstehen. Ebenso bejahen wir die Unterscheidung zwischen Notwendigkeit und Luxus, kreativen Liebhabereien und leeren Statussymbolen, gelegentlichem Feiern und normalem Alltag.

Wo die Grenze zu ziehen ist zwischen Dienst für Gott und Sklaverei der tonangebenden Trends, erfordert Nachdenken und gewissenhafte Entscheidung. Wir vom Westen brauchen die Hilfe unserer Brüder und Schwestern aus der Dritten Welt, um unsere Ausgaben bemessen und beurteilen zu können. Wir aus der Dritten Welt leben so, daß wir ebenfalls der Versuchung, habgierig zu sein, ausgesetzt sind. So benötigen wir Verständnis für einander, gegenseitige Ermutigung und Fürbitte.«

Und im Art. 6 »Internationale Entwicklung« wird weiter ausgeführt:
»Wir wiederholen die Worte der Lausanner Verpflichtung: ›Wir sind entsetzt über die Armut von Millionen und aufgeschreckt von Ungerechtigkeit, durch die sie verursacht wurde.‹ Ein Viertel der Weltbevölkerung genießt unvergleichlichen Wohlstand, während ein anderes Viertel unter bedrückender Armut leidet. Dieses riesige Ungleichgewicht ist eine Ungerechtigkeit, die nicht geduldet werden kann; wir sind nicht gewillt, uns damit abzufinden. Der Ruf nach einer neuen Weltwirtschaftsordnung ist Ausdruck einer berechtigten Enttäuschung der Dritten Welt.

Wir haben angefangen, die Zusammenhänge zwischen Rohstoffvorkommen, Einkommen und Verbrauch besser zu verstehen: Oft verhungern Menschen, weil sie kein Einkommen haben und es sich nicht leisten können, Lebensmittel zu kaufen. Zudem haben sie keine Möglichkeit, etwas zu produzieren, und keinen Zugang zur Macht. Deshalb begrüßen wir es, daß christliche Organisationen zunehmend das Gewicht mehr auf Förderung der Entwicklung als auf Unterstützung legen ...

Diejenigen von uns, die in Überflußgesellschaften leben, schämen sich, daß ihre Regierungen ihre Ziele in der offiziellen Entwicklungshilfe meistens nicht erreicht haben: Nahrungsmittelvorräte für Notstände bereit zu halten und ihre Handelsbestimmungen aufzulockern. Wir sind zu der Einsicht gelangt, daß multinationale Konzerne vielfach in den Ländern, in denen sie arbeiten, lokale Initiativen schwächen und versuchen, sich jeder durchgreifenden Veränderung im Staatsapparat entgegenzustellen. Wir sind davon überzeugt, daß sie stärker kontrolliert und zur Verantwortung herangezogen werden sollten.«

Im 7. Kapitel, das mit »Gerechtigkeit und Politik« überschrieben ist, wird auch gesagt, daß »ohne eine Veränderung der

Machtverhältnisse durch strukturellen Wandel ... diese Probleme nicht gelöst werden (können)«.

Die Kritik der verantwortlichen Christen im evangelikalen Lager ist verständlich; ihr Verzicht auf Luxus ist zu loben. Dennoch muß dem Bibelleser beim Lesen dieser Verpflichtungen und beim Nachdenken ihrer Begründung einiges unklar bleiben. Reichtum und Besitz werden als Indikator einer Schuld hingestellt. Besitz – und insbesondere die ungleiche Verteilung des Besitzes – gelten als eine Ungerechtigkeit. Dies ist nicht ohne weiteres biblisch – so wie es dort steht – begründbar. Zwei Bemerkungen zum Komplex »Reichtum und Armut« möchte ich deshalb hier anschließen.

Besitz und Reichtum sind Ausdruck des Segens unseres lebendigen Gottes. Diese Linie finden wir überall im Alten wie im Neuen Testament. So fiel einmal das provozierende Wort »Gott ist ein Gott der Reichen«. Denn es gehört zum alttestamentlichen Glaubensbekenntnis, daß der Gott Israels der Gott Abrahams, Isaaks und Jakobs war; und diese Männer waren sehr reich. Abraham war einmal in der Lage, eine kleine Kampftruppe auszurüsten, um die Einwohner von Sodom wieder zu befreien. Ich fürchte, daß diese Verpflichtungserklärungen sehr stark von der *Theologie der Armut* bestimmt sind, wo es heißt, daß Gott ein Gott der Armen ist. Es steht in der Bibel, daß Gott auch den unterdrückten Armen sieht. Wenn ich die Bibel allerdings richtig verstehe, ist Armut aber nicht das eigentliche Ziel. Obgleich die Verfasser der Verpflichtungen es nicht genau ausdrücken, ob sie auch auf Einkommen verzichten oder nur auf Konsum, möchte ich vorsichtshalber doch darauf hinweisen, daß das Armutsziel nicht unbedingt ein christliches Ziel sein muß. In der Auseinandersetzung mit dem katholischen Armutsideal haben die puritanischen Glaubensväter betont, daß arm sein wollen dasselbe bedeutet, wie krank sein wollen. Armut und Krankheit dient – im Normalfall – nicht zur größeren Ehre Gottes.

Gott will uns auch materiell segnen. Segen ist im Alten Testament etwas ganz Konkretes. Wenn wir Gott dienen, ihm gehorchen, dann hat er uns versprochen, auch materiell zu segnen.

Wenn er uns segnet, dann dürfen wir diesen Reichtum auch genießen. Wenn Gott jemandem Schätze und Reichtum gibt, gestattet er ihm auch, sich daran zu erfreuen. Allerdings ist der Reichtum auch Verpflichtung für den Armen. Demzufolge ist es im alttestamentlichen Sinn wie auch im neutestamentlichen, wenn wir unseren Reichtum zum Ausgleich, wie es Paulus einmal formulierte, einsetzen. Aber dieser Reichtum beinhaltet nicht per se Schuld und Ungerechtigkeit. Aus Liebe teile ich als Christ!

Im 5. Mose 28 ist davon die Rede, daß Gott uns segnen will, wenn wir auf seine Gebote achten, auf die er uns verpflichtet hat. So heißt es in Vers 8: »Der Herr befiehlt dem Segen an deiner Seite zu sein: In deinen Speichern und bei allem, was deine Herren schaffen. Der Herr segnet dich in dem Land, das er, dein Gott, dir gibt.«

In den Sprüchen ist davon die Rede, daß, wer die Weisheit sucht, angesehenen Besitz und Glück bekommt. Denen, die sie lieben, wird Gott Reichtum geben und ihre Schatzkammern füllen. In Pred. 5,18 steht: »Auch wenn Gott einem Schätze und Reichtum gibt, und ihm gestattet, davon zu genießen, sein Teil hinzunehmen und sich zu freuen bei seiner Mühsal – das ist eine Gabe Gottes!« In Sprüche 10,22 heißt es, daß der Segen des Herrn reich macht – auch ohne Mühe! Und in seiner »institutio« schreibt Calvin (III.10), daß die natürlichen Gaben Dinge sind, die wir genießen dürfen. Er schreibt: »Deshalb fort mit jener unmenschlichen Philosophie, die uns der Kreaturen nur zur Notdurft will gebrauchen lassen und uns damit einer erlaubten Frucht der göttlichen Wohltätigkeit beraubt, auch nur da zur Geltung kommen kann, wo sie einem Menschen alle Sinne weggenommen und ihn zum Klotz gemacht hat.«

Es sollte aber auch betont werden, daß im Alten Testament Besitz und Auskommen für alle das Ideal ist. So heißt es in Micha 4,4: »Jeder sitzt unter seinem Weinstock und unter seinem Feigenbaum!« Dies steht an der berühmten Stelle, in der es heißt, daß Schwerter zu Pflugscharen und Lanzen zu Winzermessern umgeschmiedet werden.

Es muß aber auch betont werden, daß die Wurzel der Armut in der Sünde liegt. Nicht nur die Sünde der internen Struktur, die politische Sünde der Eliten, ist damit gemeint, sondern auch die persönliche Sünde der Übertretung göttlicher Gebote. Auch wir in den Industriestaaten sind in einem erheblichen Maße schuldig geworden. Die Annahme der Vergebung, die durch Jesus Christus gegeben wird, und vielleicht ein Segen, den wir von unseren Großvätern geerbt haben, mögen der Grund dafür sein, daß es uns doch noch so gut geht. In Jer. 5,25 ist davon die Rede, daß unsere Verschuldungen diese göttliche Ordnung zerstört und daß unsere Sünden uns des Segens Gottes beraubt haben. Wir wissen aus Schicksalen in Entwicklungsländern und Industrieländern, wie der Alkohol und die Prostitution zur Verarmung führen. In den Sprüchen ist davon die Rede, daß lässige Hände zur Armut führen. In Sprüche 6,6–11 heißt es:

»Geh zur Ameise, du Fauler, betrachte ihr Verhalten und werde weise! Sie hat keinen Meister und keinen Aufseher und keinen Gebieter und doch sorgt sie im Sommer für Futter, sammelt sich zur Erntezeit Vorrat. Wie lange, du Fauler, willst du noch daliegen, wann willst du aufstehen von deinem Schlaf? Noch ein wenig schlafen, noch ein wenig schlummern, noch ein wenig die Arme verschränken, um auszuruhen. Da kommt schon die Armut wie ein Strolch über dich, die Not wie ein zudringlicher Bettler.«

In den Sprüchen wird auch darauf hingewiesen, daß Genußsucht zur Armut führt und daß Leichtsinn Armut bringt. Bei aller Diskussion um die gerechte Verteilung des Welteinkommens und der Möglichkeit zur Hilfe der Armen darf nicht vergessen werden, daß die Sünde die Wurzel der Armut ist. Die Überwindung der Sünde, das Anbieten der Buße und Bekehrung und des Heils durch Jesus Christus, das Fortnehmen der Sünde kann auch wieder Segen für die verarmten Schichten dieser Welt bedeuten.

Der Idealfall im Alten Testament ist Besitz und Auskommen für jeden. Es sollte keine Armut in Israel geben; jeder sollte seinen Teil haben. In der Bibel steht: »Wenn ihr auf den Herrn, euren Gott, hört, und alle seine Weisungen befolgt, die ich euch verkünde, wird es allerdings gar keine Armen unter euch geben!«

(5. Mose 15,4). Die Bibel begründet die Armut mit der Sünde und dem Ungehorsam des Menschen. Sie ist realistisch, wenn sie sagt: Armut hat etwas mit Leichtsinn, Genußsucht und Faulheit zu tun.

Von daher müßte im evangelikalen Lager ein wenig umgedacht werden. Es stimmt zwar, daß Evangelisation immer auch eine soziale Komponente bekommt. Aber diese soziale Komponente wird auch von innen, von den Menschen in den Entwicklungsländern eingebracht, und beinhaltet nicht unbedingt eine externe Hilfe von außen (mit Ausnahme der Katastrophenhilfe).

Das Alte Testament weiß aber auch um die Not der Gerechten. Arm kann in diesem Zusammenhang auch das Synonym für gerecht werden. Der Gerechte wird oft unterdrückt, und Gott hört den Armen. Auch diesen Gedankengang aus der Bibel dürfen wir nicht vernachlässigen. Dies spricht zwar nicht für eine Theologie der Befreiung, da Israel nicht befreit wurde, weil es unterdrückt war, sondern weil die Israeliten die Nachfolger und Kinder Abrahams, Isaaks und Jakobs, der Geliebten Gottes, waren. Dennoch gelten für die Gesellschaften, die sich nach dem Wort Gottes ausrichten wollen, diese Warnungen, die für Israel geschrieben wurden. Und so ist es verständlich, daß man im Lausanner Komitee verstärkt diesen biblischen Zweig betont. Es ist jedoch nicht die einzige Linie, die in der Bibel im Zusammenhang mit der Armut durchgehalten wird.

Nahrungsmittelhilfe, Verbrechen an zukünftigen Generationen der Entwicklungsländer?

Unser Agrarprotektionismus mit den überhöhten Agrarpreisen beschert uns eine permanente Überproduktion an Agrarprodukten. Die gegen die Landwirtschaft gerichtete Politik der Entwicklungsländer mit ihren Höchstpreisen, beschert ihnen ständig Hungerkatastrophen. Die Industriestaaten sind nun gerne bereit, zum Abbau ihrer Überschüsse kostenlose Nahrungsmittelhilfen an die Dritte Welt zu liefern. Diese vom humanitären Aspekt verständliche Hilfe ist ökonomisch äußerst kritisch zu bewerten. Durch die Nahrungsmittelhilfe werden die Strukturen und wird die Wirtschaftspolitik in den Entwicklungsländern nicht geändert. Es bleibt bei der permanenten Unterproduktion, dem Dualismus und der Subsistenzlandwirtschaft.

Entwicklungshilfe und Nahrungsmittelhilfe insbesondere müßten unter der Auflage gegeben werden, daß die Entwicklungsländer eine verbesserte Wirtschaftspolitik zur Nahrungssicherung durchführen. Jede kostenlose und devisenlose Lieferung an die Entwicklungsländer vermindert nämlich den Marktpreis und verursacht damit in den Entwicklungsländern negative Anreizeffekte. Der Marktpreis erreicht dann nicht die Höhe, die er erreicht hätte, wenn diese Lieferungen nicht gegeben worden wären. Das Ergebnis einer Nahrungsmittelhilfe ist die ständige Notwendigkeit, Nahrungsmittelhilfe zu empfangen. Es ist deshalb von den Ökonomen immer wieder darauf hingewiesen worden, daß die Nahrungsmittelhilfe abgebaut werden soll, bzw. sie mit Auflagen versehen werden soll, so daß sie mittelfristig unnötig wird. Die Nahrungsmittelhilfe, wie sie z.Zt. gegeben wird, erfüllt diesen Anspruch nicht. Obgleich – sozial gesehen – gut gemeint, leben wir durch die Vergabe von Nahrungsmittelhilfe auf Kosten der Dritten Welt und vermehren langfristig das dortige menschliche Leid. Aus diesem Grunde ist von Bethke der Satz geprägt worden, daß die Nahrungsmittelhilfe ein Verbrechen an den zukünftigen Generationen der Entwicklungsländer darstellt.[36]

Welche verschiedenen Formen der Nahrungsmittelhilfe gibt es? Hier ist zuerst einmal die Katastrophenhilfe zu nennen, die bei akuten Anlässen kostenlos Nahrungsmittelhilfe zur Verfügung stellt. Theoretisch ist sie als kurzfristige Hilfe konzipiert; sie sollte so gegeben werden, daß auch mittelfristig die Anreizeffekte nicht negativ werden.

Dagegen wird im Rahmen des Welternährungsprogramms Nahrungsmittelhilfe auch für die Entwicklungspolitik eingesetzt. In sog. Nahrung-für-Arbeit-Programmen wird ein Teil des Lohnes in Form von Nahrungsmitteln gezahlt (*food for work-Pro-*

gramme). Die Nahrungsmittelhilfe ist zu einem wesentlichen Instrument in der Entwicklungshilfe geworden, die bis zu 15 % der offiziellen staatlichen Entwicklungshilfe ausmachen kann. Allein die Getreidehilfe betrug 1973/74 5,5 Mio. Tonnen; 1975/76 wurde eine Höhe von 9,1 Mio. Tonnen erreicht. Der Welternährungsrat strebt eine Höhe von 10 Mio. Tonnen jährlich an. Das Nahrungsmittelübereinkommen von 1980 sah einen Mindestbeitrag der Geberländer an Getreide (Weizen, Gerste, Mais, Hafer, Roggen, Sorghum und Reis oder den daraus gewonnenen Erzeugnissen einschließlich Verarbeitungserzeugnissen) von jährlich 7,592 Mio. Tonnen vor. Die Schweiz verpflichtete sich zur Lieferung von 27000 Tonnen; Österreich zu 20000 Tonnen und die EG zu 1,65 Mio. Tonnen Getreide. Von diesen 1,65 Mio. Tonnen fallen 928000 Tonnen auf die EG als Gemeinschaft und rd. 722000 Tonnen auf die Mitgliedsstaaten, wovon 193,5 Tausend Tonnen auf die Bundesrepublik Deutschland in Form von bilateraler Getreidelieferung entfallen. Die EG ist damit nach den USA der zweitgrößte Nahrungsmittelhilfegeber. Die Nahrungsmittelhilfe der Gemeinschaft macht mehr als 30 % der gesamten gemeinschaftlichen Entwicklungshilfe aus. Die 1980 ausgehandelte internationale Nahrungsmittelübereinkunft wurde 1983 für drei weitere Jahre bis zum 30. Juni 1986 verlängert. Mit der letzten Übereinkunft wurde die Möglichkeit geschaffen, nicht nur Nahrungsmittelhilfe aus dem Raum der Gemeinschaft den bedürftigen Entwicklungsländern zukommen zu lassen, sondern Nahrungsmittel auch in anderen Entwicklungsländern, die Überschüsse produzieren, aufzukaufen und an die Nahrungsmittel-Defizit-Entwicklungsländer zu liefern.

Der größte Teil der Nahrungsmittelhilfe (ca. zwei Drittel) wird von den Empfängerländern auf ihren Märkten verkauft. Dadurch erhöht sich das dortige Angebot; die eingenommenen Gelder werden für Entwicklungshilfeprojekte eingesetzt. Ca. 16 % der Nahrungsmittelhilfe wird für *food-for-work*-Projekte eingesetzt. Bei diesen Nahrungsmittel-für-Arbeit-Projekten handelt es sich um Infrastrukturinvestitionen von Gemeinden, bei denen die Arbeiter hauptsächlich mit Nahrungsmitteln bezahlt werden.

11 % der Mittel werden im Durchschnitt für Speisungsprogramme und 7 % für die Katastrophenhilfe verwendet; der Beitrag der Katastrophenhilfe ist in letzter Zeit angestiegen.

Trotz der großen Bedeutung dieser Hilfe ist sie immer noch umstritten. Während die FAO in verstärktem Maße höhere Nahrungsmittelhilfe fordert, lehnen sie viele Ökonomen ab. Was sind nun die Argumente für und wider die Nahrungsmittelhilfe?

Die folgenden vier Gründe werden in ökonomischen Diskussionen zugunsten der Nahrungsmittelhilfe genannt:

1. Eine Nahrungsmittelknappheit kann das ökonomische Wachstum bremsen. Für Investitionen notwendige Ressourcen (bspw. die in Entwicklungsländern knappen Devisen) stehen wegen der Nahrungsmittelimporte dem Land ohne Nahrungsmittelhilfe nicht mehr zur Verfügung. Wegen der knappen Lebensmittel können zusätzlich die Inflationsraten hoch sein. Eine Nahrungsmittelhilfe kann nun helfen, die Inflation zu bekämpfen und das Volkseinkommen zu erhöhen. Entwicklungspläne haben dann eine größere Chance, verwirklicht zu werden. Soweit die Armen erreicht werden, weist die ökonomische Theorie darauf hin, daß wohlgenährte und damit gesündere Menschen mehr leisten können, wodurch sich – wenn es im größeren Rahmen geschieht – das Volkseinkommen erhöhen kann; die Volkswirtschaftslehre spricht von einer Bildung von Humankapital (produktiver Konsum).

2. Die Nahrungsmittelhilfe hat den Vorteil, daß die Zielgruppe der Ärmsten der Armen erreicht wird durch Schulspeisungen, Nahrungsmittel-für-Arbeit-Programme oder auch durch subventionierte Preise. Es kann sich auch durch sie ein positiver Effekt auf die Einkommensverteilung ergeben. Die mögliche bessere Ernährung kann nämlich die Hilfe-zur-Selbsthilfe-Anstrengungen unterstützen, da gesunde Menschen leistungsfähiger und daher in der Lage sind, mehr zu verdienen, um so dem Teufelskreis der Armut zu entfliehen. Allerdings ist es schwierig, die Armen des Subsistenzbereichs, insbesondere die Armen des ländlichen Raumes, zu erreichen. Das Problem bildet hier die fehlende Infrastruktur für den Transport und die Verteilung.

3. Je nach Jahreszeit schwanken die Preise in den Entwicklungsländern (im Rhythmus der Erntezeiten). Über Nahrungsmittelhilfen ist es der Regierung möglich, Preisstabilisierungsprogramme durchzuführen. Damit wäre evtl. auch den Subsistenzlandwirten, denen die Nahrungsmittel ausgegangen sind, zu helfen. Oft wird behauptet, daß hierdurch ein Umverteilungseffekt möglich ist. Man spricht davon, daß die Nahrungsmittelhilfe einen Stabilisierungsbeitrag in den Entwicklungsländern leisten kann.

4. Als letzter Grund wird angegeben, daß eine Nahrungsmittelhilfe in den Geberländern leichter durchzusetzen sei als eine andere Form von Kapitalhilfe. Man behauptet, daß das gesamte Hilfsvolumen dadurch erhöht werden kann. Nahrungsmittelhilfe soll dann zusätzlich – zumindest teilweise – zur bestehenden Entwicklungshilfe geleistet werden. Sollte dies der Fall sein, dann wäre die Nahrungsmittelhilfe von daher gesehen positiv zu bewerten.

Die Nahrungsmittelhilfe ist aber auch in die Schußlinie der Kritiker geraten.[37] Die Kritiker setzen erst einmal an den vier oben genannten positiven Gründen an und verneinen ihre positiven Effekte. Dazu kommen noch die folgenden Argumente:

1. Das Hauptargument folgt aus der Anreizproblematik. Es wird behauptet, daß die Eigenanstrengungen der Regierungen der Entwicklungsländer nachlassen, d.h. es werden keine ausreichenden Maßnahmen getroffen, um die eigene Landwirtschaft zu fördern. Wegen der bereitgestellten Nahrungsmittelhilfe können diese Länder ihre Ressourcen verstärkt für ihren modernen Sektor, die industrialisierten Stadtzonen, verwenden. Die Landflucht – mit der Folgeerscheinung der Slums an den Rändern der Großstädte – nimmt zu. Sie wird noch dadurch gefördert, daß die Nahrungsmittelhilfe die zur Produktionssteigerung notwendige Preiserhöhung verhindert. Dadurch sinken die Beschäftigungsmöglichkeiten auf dem Lande; den dort lebenden Armen bleibt oft keine Wahl, als in den Städten Arbeit zu suchen. Dort werden sie ja noch nahrungsmittelmäßig subventioniert. Dies gilt insbesondere für die landlosen Armen, die dies als letzte Möglichkeit

zur Überwindung ihrer katastrophalen ökonomischen Situation ansehen.

Der negative Anreizeffekt ist allerdings umstritten. Es gibt empirische Untersuchungen, die ihn bestätigen (für Kolumbien und Pakistan), Untersuchungen, die zeigen, daß die Nahrungsmittelhilfe keinen Einfluß auf die Produktion hatte, und es gibt solche, die – im Gegenteil – einen Anreizeffekt nachweisen. In Tunesien und Griechenland verwendeten die Regierungen die Mittel, die sie aus dem Verkauf der amerikanischen Nahrungsmittel erhielten, um sowohl Anreize für die Landwirtschaft zu geben und dennoch die Konsumenten zu subventionieren. Für Indien, ein Hauptempfänger der amerikanischen Nahrungsmittelhilfe, sind die empirischen Ergebnisse ebenso unbestimmt. Je nach Programm und Verwendung der Mittel kann es zu negativen Auswirkungen auf die Volkswirtschaft der Entwicklungsländer kommen.

Hier muß noch genannt werden, daß die Nahrungsmittelhilfe ein inferiores Entwicklungshilfeinstrument ist. Es ist ökonomisch erwiesen, daß eine zusätzliche Lieferung von Nahrungsmitteln das Angebot in dem Entwicklungsland erhöht, so daß es zu Preissenkungen kommt und damit Anreize für die eigene Produktion unterbleiben. Ohne diese Nahrungsmittelhilfe wären die Preise in den Entwicklungsländern höher; die Eigenanstrengungen der Produzenten und der Regierungen würden verstärkt. Durch die Nahrungsmittelhilfe wird die Integration der Subsistenzlandwirte in die nationale Arbeitsteilung behindert. Es wäre besser, diese Mittel, die für die Nahrungsmittelhilfe zur Verfügung stehen, den Ländern direkt zu übertragen, die dann damit entweder über Importe die Nahrungsmittel einführen bzw. durch agrarpolitische Maßnahmen versuchen können, die eigenständige Produktion anzuregen.

Bei der Diskussion darüber, ob Nahrungsmittelhilfe effizient ist und positive Auswirkungen hat, muß zwischen dem Hilfeaspekt und dem Allokationsaspekt (bestmögliche Verwendung der vorhandenen Ressourcen) unterschieden werden. Nahrungsmittelhilfe führt zu verzerrten Erzeugerpreisen und ist von daher erst einmal abzulehnen. Sollte die Nahrungsmittelhilfe als zusätzliche Hilfe gegeben werden, dann wäre sie von daher akzeptierbar. Daß es durch eine Hilfe – egal in welcher Form sie nun gegeben wird – zu einer verbesserten Situation in den Entwicklungsländern kommt, dürfte unbestritten sein. Es stellt sich jedoch die Frage, ob diese Mittel nicht durch eine andere Hilfe bessere Ergebnisse brächte, als sie die Nahrungsmittelhilfe bringen kann, die langfristig das Eigenversorgungsproblem in den Entwicklungsländern verschärft.

2. Oft wird eingewendet, daß die Nahrungsmittelhilfe nicht den wirklich Bedürftigen zugute kommt. Vergabekriterium sei nicht die Bedürftigkeit, sondern die Hilfe werde nach ökonomischen, politischen oder militärischen Interessen der Geberländer gewährt. Die USA gewährten 1973 14 befreundeten Staaten mit einem Anteil von 22 % an der Gesamtbevölkerung der Entwicklungsländer 81 % der Nahrungsmittelhilfe. 1974 erhielten vier Staaten (Südvietnam, Kambodscha, Jordanien und Israel) 63 % des amerikanischen Hilfsprogramms. Der Vorwurf ist dann verständlich, die durch die Hilfe freigesetzten Ressourcen seien für militärische Ausgaben verwendet worden.

3. Die Kritiker ziehen daraus den Schluß, daß solche Staaten in zunehmendem Maße von den Geberländern abhängig werden. Abhängigkeit statt Entwicklung ist dann die Folge. Diese Abhängigkeit kann politische und ökonomische Züge annehmen. Zu der ökonomischen Abhängigkeit gehört, daß ein Land bei Akzeptanz von Nahrungsmittelhilfe verstärkt der Hilfe bedarf; außerdem ist es möglich, daß die Fiskaleinnahmen des Staates von dem Verkauf der Lebensmittel abhängen und somit auf den Ausbau einer inländischen Steuerverwaltung verzichtet wird. Die eigene Ersparnisbildung wird ebenfalls nicht gefördert. 40 % des Staatshaushaltes von Bangladesh stammt z.B. aus den Verkäufen amerikanischer Nahrungsmittelhilfe.

4. Wegen der Nahrungsmittelhilfe kommt es auch zu Verzerrungen auf den internationalen Agrarmärkten. Die Hilfe sollte so gewährt werden, daß die Nahrungsmittelexporte nicht davon berührt werden. Durch die Hilfe werden aber gerade solche Nah-

rungsmittelimporte der Entwicklungsländer verdrängt, die sowieso hätten getätigt werden müssen. Der Nahrungsmittelexport wird dadurch Schaden erleiden.

5. Als letztes wird darauf hingewiesen, daß diese Art der Hilfe vom ökonomischen Standpunkt her gesehen doppelt ungünstig ist. Sie widerspricht der Konsumentensouveränität, d.h. die Nachfrager können über die Art der auserwählten Produkte, die sie nachfragen, nicht selbst bestimmen. Sie ist zusätzlich teuer, weil sie doppelt gebundene Hilfe und auch noch abhängig von den Überschüssen in den Geberländern ist. Zusätzlich wird sie unregelmäßig gegeben und sei oft nicht der Situation der Empfängerländer angemessen. Mit Trockenmilch der EG können bspw. Länder mit anderen Ernährungsgewohnheiten (Indien) wenig anfangen. Oft wird – zu Recht? – argumentiert, daß die Nahrungsmittelhilfe eine Hilfe für die Landwirtschaft der reichen Industrieländer sei. Selbst, wenn sie nicht nötig wäre, hätte sie erfunden werden müssen, um die landwirtschaftlichen Überschüsse in den Industriestaaten abzubauen.

Man hat bspw. errechnet, daß das Geldäquivalent der geleisteten Nahrungsmittelhilfe (bspw. in Form von Weizenlieferungen) für das Entwicklungsland nur 30 % der aufgebrachten Kosten der Industrieländer ausmacht. Der Grund für diese teuere Hilfe liegt zum einen an den hohen Agrarpreisen in den USA und der EG und zum anderen an den hohen Frachtkosten sowie Verwaltungs- und Verteilungskosten. Außerdem sind die Empfängerländer dabei von den jährlichen Beschlüssen der Geberländer abhängig. Diese Beschlüsse werden oft im Zusammenhang mit den Agrarüberschüssen der USA bzw. den Butterbergen und Milchseen der EG gesehen und gelten somit mehr als ein Ventil für die Überschüsse der reicheren Länder denn als Hilfe für die armen Länder, denen die Nahrungsmittelhilfe ein weiteres Unsicherheitsmoment in ihre ökonomische Planung bringen kann.

Obgleich die positiven Aspekte der traditionellen Nahrungsmittelhilfe nicht vollständig negiert werden können, muß nach neuen Wegen gesucht werden, den Ärmsten der Entwicklungsländer eine ausreichende Ernährungsbasis zur Verfügung zu stellen. Dies könnte in Form eines internationalen *food stamp-Programms* geschehen.

Indirekte Nahrungsmittelhilfe durch ein »Welt-Lebensmittelgeld-Programm«

Wir wollen kurz rekapitulieren: Verschiedene Strategien zur Überwindung des Hungers wurden ausprobiert; trotz aller Anstrengungen sind kaum Fortschritte erzielt worden. Weder die Bereitstellung von Nahrungsmitteln in Form von Nahrungsmittelhilfen oder Nahrung-für-Arbeit-Programmen noch die Stimulierung der Nahrungsmittelproduktion über Investitionsförderungs-Programme, Produzentensubventionen oder durch Konsumentensubventionen haben nennenswerte Erfolge im Kampf gegen den Hunger gebracht. Das Hauptproblem liegt – so stellten wir fest – in der mangelnden Kaufkraft der Hungernden. Diese erfordert niedrige Preise für Nahrungsmittel mit der Folge geringerer Produktion.

Gesucht wird nun eine Strategie, die die Kaufkraft der Armen erhöht, so daß höhere Agrarpreise möglich sind, die zu Produktionssteigerungen von Nahrungsmitteln führen. Ein finanzieller Transfer an die Hungernden vermag nun das soziale Problem direkt und das Produktionsproblem indirekt (über den Markt und die Eigenproduktion) zu lösen. Dieser Transfer kann – nach dem Beispiel Sri Lankas – über *food stamps* (Lebensmittelgeld) geschehen. Den Bedürftigen werden auf Geld lautende Gutscheine ausgehändigt, mit denen sie nur Nahrungsmittel kaufen können! Dieses Programm sollte z.T. von den Industrieländern finanziert werden. Im einzelnen könnte – grob skizziert – solch ein *food stamp-Programm* folgendermaßen aussehen:

Mit Hilfe eines Warenkorbes werden in Abhängigkeit von der Größe einer Familie die Ausgaben für Lebensmittel errechnet, die für eine Region typisch sind. Der Kauf dieses Warenkorbes wird ermöglicht, indem die Familie Lebensmittelgeld in dieser Höhe erhält. Je nach der Höhe des Familieneinkommens müssen diese Marken von den Familien »gekauft« werden. Benötigt eine fünfköpfige Familie bspw. Lebensmittel im Wert von DM 200,– und beträgt das Familieneinkommen gerade DM 200,–, so mag die Regelung vorsehen, der Familie für DM 60,– Lebensmittelgeld für DM 200,– zu geben, so daß diese Familie nun insgesamt DM 340,– zur Verfügung hat, wovon DM 200,– aber nur für den Kauf von Lebensmitteln verwendet werden können. Die Marken werden von den Händlern bei ihren Kreditinstituten und Lieferanten eingelöst, die sie wiederum an die das *food stamp-Programm* abwickelnde Institution weiterleiten. Je nach dem Entwicklungsstand des Landes kann die internationale Staatengemeinschaft die Kosten des Programms voll oder teilweise (auf jeden Fall degressiv) übernehmen.

Solch ein internationales *food stamp-Programm* weist die folgenden Vorteile auf: Die Zielgruppe der Armen wird direkt und in kürzester Zeit erreicht. Lokale Ressourcen können genutzt und einheimische Agrartechnologien gefördert werden. Die Zahlungsbilanzen der Entwicklungsländer werden entlastet, so daß Devisen für Industrialisierungsprogramme frei werden. Eine ausgewogene Entwicklung von Landwirtschaft und Industrie wird möglich. Die steigende Agrarproduktion hilft, das Ernährungsproblem zu lösen. Der Spitzenbedarf kann importiert werden, da die Entwicklungsländer vermehrt Devisen erhalten. Das Volumen des Agrarhandels mag ebenfalls zunehmen. Da das *food stamp-Programm* allokationsneutral ist, würde es auch zu einer Steigerung der Weltwohlfahrt beitragen. Außerdem kann das Programm so organisiert werden, daß es mit dem Gedanken der Subsidiarität in Einklang steht.

Gegen diese Vorteile werden allerdings auch gewichtige Einwände vorgebracht werden können. Ökonomen verweisen auf die Wohlfahrtsverluste gebundener Hilfe. Dem kann entgegengehalten werden, daß sie gering sind, weil für die begünstigten Personen die Einkommenselastizität der Nachfrage sehr hoch ist. Ebenso kann, wenn die innerfamiliäre Nahrungsmittelverteilung zugunsten der Kinder und schwangeren Frauen ausfällt, die Konsumentensouveränität in Frage gestellt werden. Auch hier läßt sich damit argumentieren, daß nicht immer sicher ist, daß das Individuum langfristig weiß, was für es gut ist. Weitere Einwände bestehen in den hohen Kosten, in der Möglichkeit negativer Anreizeffekte und in dem administrativen Problem.

Das Programm muß so durchgeführt werden, daß negative Anreizeffekte so niedrig wie möglich gehalten werden. Bei Arbeitsunwilligkeit muß der Eigenbeitrag erhöht werden, so daß ein Leistungsanreiz verbleibt. Alle Hilfsprogramme haben mögliche negative Anreizeffekte. Es ist Aufgabe der Durchführungsorgane, das Programm so zu gestalten, daß sie gering gehalten werden.

Dabei sind wir nun bei der nächsten Frage, ob die Entwicklungsländer solche Programme überhaupt durchführen können. Hier müssen die Industriestaaten den Verwaltungen der Entwicklungsländer helfen. Durch diese Programme werden jedoch hauptsächlich die urbanen Armen erreicht werden können, da nur in der Nähe einer Verwaltung die Organisation eines solchen Programms durchgeführt werden kann, was wiederum bedeutet, daß sich die Stadtrandsiedlungen mit Armen füllen und zu Slums entwickeln. Jedoch ließe sich vorschlagen, in ländlichen Bereichen rollende food stamp-Stationen einzurichten, die mit Hilfe der Medien (fast jede Hütte im Busch hat ein Transistorradio) vorher angekündigt werden könnten.

Damit kommen wir zur Finanzierung dieses Programms. Die Industriestaaten haben sich verpflichtet, 0,7 % ihres Bruttosozialprodukts an offizieller Entwicklungshilfe zur Verfügung zu stellen. Tatsächlich beträgt die Hilfe nur knapp die Hälfte. Eine Erhöhung der offiziellen Entwicklungshilfe auf 0,5 % würde die Finanzierung eines solchen Programms ermöglichen. Die Kosten könnten zwischen 10–15 Mrd. $ geschätzt werden, ein durchaus zu realisierender Betrag. Solch ein Programm könnte als Teil einer Sozialen Weltmarktwirtschaft verstanden werden.

Im Gegensatz zu dem Boykottaufruf des diakonischen Werkes der EKD mit seinen sozialistischen Untertönen wäre durch finanzielle Hilfe den Armen wirklich zu helfen. Hier könnten die Kirche und die Christen in verstärktem Maße helfen und Einfluß nehmen. Da es politisch nicht leicht sein wird, die internationale Finanzierung solcher Programme zu erreichen, sollten Christen darauf hinarbeiten, daß die Nahrungsmittelhilfe als Katastrophenhilfe durch eine indirekte Nahrungsmittelhilfe über gebundene Finanztransfers, deren Verwendung festgelegt und deren Überwachung garantiert ist, ergänzt wird. Christen sollten ihre Regierungen zu einer Form von Entwicklungshilfe ermutigen, die eine Hilfe zur Selbsthilfe ermöglicht und die nicht allein darauf abgestellt ist, Agrarüberschüsse loszuwerden. Ein großzügiges Helfen vermag den Segen Gottes auch für das Geberland zu mehren. »Mancher teilt aus und bekommt immer mehr, ein anderer kargt über das Maß und wird noch ärmer. Wer wohltätig ist, wird reich gesättigt. Wer andere labt, wird selber gelabt. Wer Getreide zurückhält, den verwünschen die Leute, wer Korn auf den Markt bringt, auf dessen Haupt kommt Segen« (Sprüche 11,12–26).

Verschuldung der Entwicklungsländer, Schuldenerlaß, ... und biblische Sicht

Das internationale Verschuldungsproblem, das 1982 bis 1984 intensiv die Öffentlichkeit beschäftigte, hat sich seit Ende 1984 etwas entspannt. Dennoch ist die Gesamtverschuldung der Entwicklungsländer extrem hoch. Mitte 1984 betrug sie (ohne Iran, Irak, Kuwait, Libyen, Oman, Quatar, Saudi-Arabien, Vereinigte Arabische Emirate) 864,8 Mrd. US-$.[38] Knapp 4,4 %, d.h. 37,9 Mrd. DM der Kredite an die Entwicklungsländer sind vom Internationalen Währungsfonds zur Verfügung gestellt worden. Langfristig sind die Entwicklungsländer mit 267,9 Mrd. US-$, das entspricht fast 31 % der Gesamtschuld, bei öffentlichen Kreditgebern verschuldet; aus privaten Quellen (meist Bankverschuldungen) stammen 459,9 Mrd. US-$, d.h. 53 % der Gesamtschuld. Problematisch ist diese Privatverschuldung, da dort die

Zinssätze meist flexibel festgesetzt sind, und diese Schuld oft auch noch in kurzfristigen Titeln eingegangen wurde.

1984 waren die afrikanischen Entwicklungsländer mit ca. 70 Mrd. US-$ verschuldet. Ihre Auslandsverschuldung betrug 212 % ihrer Exporterlöse und die Schuldendienstquote (Zins- und Tilgungszahlungen in % der Exporterlöse) betrug 24,9 %. Lateinamerika hatte eine Auslandsverschuldung von 315,3 Mrd. US-$; seine Auslandsverschuldung betrug 286 % der Exporterlöse und die Schuldendienstquote betrug 44,6 % der Exporterlöse. Die asiatischen Entwicklungsländer brachten es auf eine Verschuldung von 185,5 Mrd. US-$; dies bedeutete eine Auslandsverschuldung von 81 % der Exporterlöse; ihre Schuldendienstquote betrug damit 9,9 % der Exporterlöse.

Nahezu die Hälfte der Schulden der Entwicklungsländer entfiel 1983 auf die folgenden sechs Schwellenländer: Brasilien mit 91,6 Mrd. $, Mexiko mit 90,6 Mrd. $, Argentinien mit 43,6 Mrd. $, Südkorea mit 40,4 Mrd. $, Venezuela mit 34,4 Mrd. $ und die Philippinen mit 20,6 Mrd. $. Ca. 50 % der Schulden haben sie gegenüber den internationalen Banken.

Die Entwicklungsländer borgten sich dabei arm. 1978 bekamen sie für 82 Mrd. $ neue Kredite; an Zinsen und Tilgungen leisteten sie 48 Mrd. $. 1979 tilgten sie 63 Mrd. $ und bekamen für 93 Mrd. $ neue Kredite. 1980 wurden 93 Mrd. $ an neuen Krediten erlangt; die Rückzahlungen betrugen 72 Mrd. $; 1981 bekamen die Entwicklungsländer 117 Mrd. $ neue Kredite und zahlten an Zinsen und Tilgungen 99 Mrd. $. Für alle Entwicklungsländer ergab sich aus der Gesamtverschuldung 1984 ein Verhältnis der Gesamtschuld zu den Exporterlösen von 151 %. Anfang 1986 wird wohl die 1000 Mrd. $-Verschuldungsmarke überschritten werden.

Mit Hilfe längerfristiger Umschuldungsabkommen ist die aktuelle Krise gemeistert worden. Allerdings haben die Entwicklungsländer nur durch drastische Eingriffe in ihre Sozialpolitik die Verschuldung senken können. Insbesondere den großen Schuldnern ist es gelungen, ihre Zahlungsbilanzen zu entlasten. Einige Länder, gerade die Schuldner in Lateinamerika, erzielten beträchtliche Handelsbilanzüberschüsse. So stieg der brasilianische Außenhandelsüberschuß 1984 auf 13 Mrd. US-$, eine Verdoppelung gegenüber 1983. Aber auch die Handelsbilanzen Argentiniens und Venezuelas wurden positiv. An der Spitze stand wiederum Mexiko mit einem Handelsbilanzüberschuß von ebenfalls 13 Mrd. $, ein wenig geringer als im Vorjahr. Dieser Zwang, Handelsbilanzüberschüsse zu erwirtschaften, die in einigen Fällen auch zu Leistungsbilanzüberschüssen führten, wurde mitunter als ein falscher Ressourcentransfer bezeichnet. Die Ressourcen sollten doch von den Industriestaaten in die Entwicklungsländer gehen und nicht umgekehrt.

Betrachtet man die soziale Not der vielen Armen in diesen Entwicklungsländern, so ist es verständlich, daß zur Lösung des Verschuldungsproblems ein Schuldenerlaß gefordert wird. Allerdings ist es um die Diskussion solch einer globalen Lösung eines Schuldenerlasses mittlerweile still geworden. Auch die Vorschläge, die privaten Schulden (Bankforderungen) internationalen Institutionen zu übertragen oder eine Subventionierung der Zinsverpflichtungen anzustreben, ist in der letzten Zeit öffentlich kaum wiederholt worden. Wesentlich ist z.Zt. wohl der eingeschlagene Weg, jedes Entwicklungsland als einen Sonderfall anzusehen, und für jedes Entwicklungsland gemäß seinen entwicklungspolitischen Möglichkeiten einen Plan zum Abbau der Verschuldung auszuarbeiten, was meist mit Hilfe des internationalen Währungsfonds geschehen ist.

Von kirchlicher Seite wird auch oftmals ein Schuldenerlaß für die Ärmsten der Entwicklungsländer vorgeschlagen. Die Bundesregierung ist mit gutem Beispiel vorangegangen und hat den ärmsten Entwicklungsländern die öffentliche Kreditschuld erlassen.

Wie ist dieser Vorschlag eines generellen Schuldenerlasses ökonomisch zu werten?

Der in den Konferenzen geforderte generelle Schuldenerlaß für die ärmeren Entwicklungsländer ist ökonomisch bedenklich. Damit würde die Ursache der hohen Verschuldung nicht bekämpft. Diese liegt meist zu einem hohen Maße auch in der schlechten Wirtschaftspolitik der einzelnen Länder, der einseitig auf Rohstoffe ausgerichteten Exportstruktur, der Überbewertung der heimischen Währung und der überzogenen Importsubstitutionspolitik. Statt eines Schuldenerlasses bietet sich eine »Hilfe zur Selbsthilfe« an, da sonst die Entwicklungshilfe zu einem Faß ohne Boden wird. Ziel muß es sein, neue Verschuldungen zu vermeiden, und die durch die bestehenden Schulden entstandene Last zu verringern.

Vorbeugende Maßnahmen sind vonnöten. Dazu gehört eine Steigerung der Exportfähigkeit und eine Handelsliberalisierung der Industriestaaten. Eine Verlagerung bestimmter Produktionsprozesse in Entwicklungsländer kann ebenso helfen wie ein stärkerer Technologietransfer, wenn er ökonomisch angemessen ist. Die Einhaltung des auch von den Industriestaaten akzeptierten Zieles, 0,7 % des Bruttosozialprodukts für die öffentliche Entwicklungshilfe aufzuwenden, muß hier ebenfalls gefordert werden. Dieses Ziel haben nur einige nordische Industriestaaten erreicht. Zinssubventionen seitens der Industriestaaten können angebracht sein, um den Entwicklungsländern einen leichteren Zugang zu den Finanzmärkten der Industrieländer zu verschaffen. Die Politiken dürfen jedoch nicht nur eine Beseitigung von kurzfristigen Liquiditätsengpässen zur Folge haben. Die Errichtung eines ökonomischen Frühwarndienstes wäre hilfreich, um rechtzeitig Maßnahmen ergreifen zu können.

In der Diskussion über die Verschuldung der Entwicklungsländer wird oft auf die ökonomische Bürde hingewiesen, die diese Länder zu tragen haben. Die ökonomische Last ist jedoch niedrig, wenn die Erträge höher sind als die Rückzahlung, d.h. man muß eine Art Investitionsrechnung durchführen. Die ökonomische Bürde hängt nämlich von der Verwendung der Kredite ab! Werden die Kredite zu Investitionszwecken genutzt, ist die ökonomische Bürde gering; bei einer Verwendung zu Konsumzwecken dagegen kann sich die Bürde als zu hoch erweisen. Zu niedrige Zinsraten in den 70er Jahren haben zu der hohen Verschuldung der Entwicklungsländer beigetragen. Die ökomomische Last wird übrigens bei stetigem Zufluß neuer Kredite leicht übersehen; dies geschah bspw. durch die Verfügbarkeit der monetären Ressourcen der OPEC-Länder. Die ökonomische Bürde hängt nicht zuletzt auch von der Höhe der Inflation und der Zinsrate sowie den Exportpreisen ab.

Selbst wenn sich die rein ökonomische Last nicht verändert, kann sich die finanzielle Belastung erhöhen. Ein gestiegener Schuldendienst erhöht die Verwundbarkeit der Volkswirtschaft durch steigende Import- und fallende Exportpreise. Hier muß zwischen einer kurzfristigen Verwundbarkeit, die als Relation der internationalen Reserven zu den Importen gemessen werden kann, und der langfristigen Verwundbarkeit, die durch das Verhältnis der Exporteinnahmen zum Schuldendienst bestimmt werden kann, unterschieden werden.

Die ökonomischen Erträge scheinen günstig gewesen zu sein. Die Wachstumsraten der Entwicklungsländer waren in der Regel höher als die der Industriestaaten. Diejenigen Entwicklungsländer, die sich am stärksten verschuldet hatten, scheinen die höchsten Erträge gehabt zu haben. Die ökonomischen Erträge der ärmeren Entwicklungsländer waren jedoch geringer. Alle Entwicklungsländer zusammen hatten am Ende der letzten Dekade höhere Devisenreserven als zu Beginn; die langfristige finanzielle Bürde scheint dagegen gestiegen zu sein. Ein Problem entstand auch durch die schlechte Finanzierung langfristiger Projekte. Bekanntlich sollten kurzfristige Projekte kurzfristig und langfristige Investitionen mit langfristigen Krediten finanziert werden. Die Entwicklungsländer haben sich in den 70er Jahren mit ihren langfristigen Entwicklungsprojekten kurzfristig verschuldet; dadurch gerieten sie in finanzielle Not, als die Zinsen in den Vereinigten Staaten real erheblich stiegen, also die bisherige Inflation, die die Realverzinsung hat sogar negativ werden lassen, ein Ende hatte.

Wäre es möglich, zu diesem Verschuldungsproblem auch eine biblische Sicht zu entwickeln? Darauf wollen wir uns jetzt einmal einlassen.

Die Bibel bejaht den Besitz. Ein Beispiel geben uns die Zehn Gebote. Dort heißt es u.a.: »du sollst nicht stehlen!« oder: »du sollst nicht begehren deines Nächsten Haus, Hof und alles, was sein ist!« Die Bibel schützt mit diesen Geboten den Besitz; sonst hätte an diesen Stellen stehen müssen: »du sollst keinen Besitz haben!«

Die Bibel schützt jedoch nicht nur den Besitz kurzfristig, sondern auch langfristig. Im 3. Mose 25 ist davon die Rede, daß durch Josua und Mose Landbesitz von Gott per Losentscheid allen Familien, Sippen und Stämmen zugesprochen wurde. Nun weiß der Schöpfer, daß wir Menschen unterschiedliche Gaben haben, daß es faule Menschen gibt, und daß es auch einmal Pech gibt und daß die Eigentumsverteilung im Laufe der Zeit ungleich wird. Deshalb sollte jedes 50. Jahr die ursprüngliche, von Gott gegebene Einkommens- und Besitzverteilung in Israel wieder hergestellt werden. Gott will nicht, daß in seinem Volk ein Mensch permanent verarmt und damit materiell abhängig wird.

Es gab übrigens im Alten Testament kein Eigentum, wie wir es nach dem römischen Recht kennen. Es gab nur Besitz im juristischen Sinn des Wortes: Die tatsächliche Herrschaft über eine Sache ausüben. Eigentümer war und blieb immer Gott, der Herr. Man war nie Eigenbesitzer, sondern stand immer in Verantwortung vor seinem Gott. Gott bleibt Eigentümer über den Besitz und schützt die Nutzungsrechte. Das Land war, wirtschaftlich gesehen, *das* Produktionsmittel der damaligen Zeit. Man brauchte es, um zu überleben. Aus diesem Grunde sollte Land auch nicht für immer verkauft werden. Dies galt für Landbesitz außerhalb der Städte. In den Städten war ein Verkauf von Häusern langfristig möglich (kein Produktionsmittel!).

Kredit oder Zuschuß?

Wir müssen hinterfragen, was dieser Sachverhalt für unsere heutigen Produktionsstrukturen bedeutet. Müßten die reichen Industriestaaten nicht alle 50 Jahre den Grund und Boden, den sie in den Entwicklungsländern gekauft haben, zurückgeben? Ist einiges dieses Landes, das sich die Industriestaaten, insbesondere über die multinationalen Konzerne, oft preiswert erwerben konnten, nicht doch Eigentum des Entwicklungslandes? Müssen wir ihnen die Schürfrechte für ihre Bodenschätze nicht doch zu einem bestimmten Zeitpunkt wieder zurückgeben, um ihnen eine neue Chance zu geben und eine damalige Fehlentscheidung zu korrigieren?

Zusätzlich gab es noch in Israel alle sieben Jahre das Erlaßjahr, in dem alle Schulden erlassen wurden. Gott will also nicht, daß wir verarmen, abhängig werden und ohne Produktionsmittel sind. Eine seltsame Sozialpolitik wird – von unserer heutigen Rechtsauffassung her betrachtet – von Gott eingesetzt. Besitz ist langfristig geschützt, weil er zum Lebensunterhalt notwendig ist. Hier wäre zu fragen, welche wirtschaftspolitischen Schlußfolgerungen wir, die reichen Staaten, für unsere Entwicklungspolitik aus diesen Vorschriften zu ziehen haben. Schulden, die zur Sicherung des Lebensunterhaltes notwendig wurden, die auch deshalb in Israel nicht verzinst werden durften, wurden immer wieder erlassen. Anders war es natürlich im Falle von einem produktiven Kredit, der den Kauf von Produktionsmitteln ermöglichte. Hier müssen wir, gerade bezogen auf die Dritte Welt, differenzierter nachdenken und handeln!

So müßte unterschieden werden, ob ein Kredit für den Konsum genutzt werden muß, oder ob mit diesem Geld Investitionen durchgeführt werden. Im ersten Fall handelt es sich um Sozialhilfe; diese Hilfe sollte nicht mit Hilfe von Krediten geschehen, sondern mit Übertragungen, Geschenken, in der Fachsprache Transfers (Zuschuß).

Bei produktiven Investitionen lassen sich Zins und Rückzahlung verteidigen, da der Empfänger einen Vorteil durch diese Investitionen hat; er muß nicht warten, bis er die notwendige Summe angespart hat. Deshalb ist es verständlich, daß in diesem Fall für die Bereitstellung des Kredites ein Zins zu zahlen ist. Es müßte also überlegt werden, ob die Entwicklungsländer sich für Investitionen verschuldet haben oder für lebensnotwendige Importe. Soweit die Verschuldung aufgrund der notwendigen Importe erfolgte, ist zu überlegen, ob ein Erlaß nicht doch aus sozialpolitischen Gründen angebracht ist. So ist es richtig, daß die Bundesregierung den ärmsten Entwicklungsländern ihre Kredite erlassen hat, da zu vermuten ist, daß diese Länder sie für Importe verwendet haben, um die Not der Bevölkerung bspw. die Hungersnot zu mildern.

Es wäre wohl sinnvoll, uns noch einmal mit dem biblischen Text des Erlaßjahres auseinanderzusetzen. Ich zitiere deshalb aus Kap. 15 des 5. Mose-Buches:

»Nach Verlauf von sieben Jahren mußt du einen Erlaß veranstalten, und folgende Bewandtnis hat es mit dem Erlaß: jeder Gläubiger erlasse sein Darlehen, das er seinem Nächsten geliehen hat; er soll es bei seinem Nächsten und Bruder nicht eintreiben, denn man hat für Jahwe einen Erlaß aufgerufen. Vom Ausländer magst du es eintreiben; was du aber bei deinem Volksgenossen stehen hast, mußt du erlassen. Freilich wird es bei dir keinen Armen geben, weil dich Jahwe in dem Land segnen wird, das Jahwe, dein Gott, dir zum Erbbesitz gibt, es zu besitzen, wenn du nur auf die Stimme Jahwes, deines Gottes hörst, um dieses ganze Gebot, das ich dir heute gebiete, zu bewahren und zu befolgen. Denn Jahwe, dein Gott, wird dich segnen, wie er dir zugesagt hat, so daß du vielen Völkern leihen kannst, du selbst aber nicht zu leihen brauchst, und du wirst über viele Völker herrschen, über dich aber werden sie nicht herrschen.

Wenn sich bei dir ein Armer befindet, irgendeiner deiner Brüder in einer deiner Ortschaften in deinem Lande, das Jahwe, dein Gott, dir geben wird, so sollst du dein Herz nicht verhärten und deine Hand nicht vor deinem armen Bruder verschließen, sondern öffne ihm deine Hand und leihe ihm für seinen Bedarf, was immer ihm fehlt. Hüte dich, daß nicht in deinem Herzen der nichtswürdige Gedanke aufkomme: das siebente Jahr, das Erlaßjahr, ist nahe, daß dein Auge böse blickte auf deinen armen Bruder und du ihm nichts gibst. Würde er wider dich zu Jahwe rufen, so wäre es Schuld für dich. Geben sollst du ihm und es soll dein Herz nicht verdrießen, wenn du ihm gibst, denn um deswillen wird er, Jahwe, dein Gott, dich segnen bei all deinem Tun und bei all deiner Hantierung, denn es werden die Armen nicht aus deinem Land verschwinden; darum gebiete ich dir: Öffne deine Hand deinem Bruder, den Elenden und Armen in deinem Lande!«

Nach diesem Erlaßjahr sollten also alle selbstschuldnerischen Bürgschaften erlassen werden. Es ist interessant zu sehen, daß

Gott anscheinend nicht möchte, daß der Mensch in eine permanente finanzielle Abhängigkeit gerät. Es wird auch dem Kreditgeber eine Verantwortung aufgebürdet. Hier wäre einzuhaken, da diese Verantwortung in unserem Rechtsstaat kaum vorgesehen ist. Es haben sich oft dramatische persönliche Schicksale ergeben, wenn Menschen sich bei Kreditinstituten leichtfertig verschuldet haben. Oft werden sie nicht recht beraten, so daß sie ihre Schulden nicht mehr bewältigen können. Wie viele »Häuslebauer« sind davon erfaßt worden, daß sie ihre Finanzierung nicht durchhalten konnten. Nach dem Verkauf des Hauses blieb oft noch eine hohe Schuld zurück, so daß die Rückzahlungen, die Pfändungen der Gehälter, nicht ausreichten, um allein die Zinsen zu decken. Hier wäre zu fragen, ob nicht in einem solchen Fall auch ein Erlaß vorgesehen sein sollte. Es ist immerhin zu bedenken, daß jeder Mensch nur einmal auf dieser Erde lebt und er soll nicht ein Leben lang die Schuld eines finanziellen Mißgeschicks zu tragen haben. Solch ein Erlaßjahr würde auch den Geber zwingen, nicht leichtfertig Geld zu verleihen!

Die wirtschaftlichen Folgen wären klar: Es würden weniger Kredite zur Verfügung gestellt; insbesondere dort, wo Konsumentenkredite in die soziale Not hinein helfen sollten. In diesem Fall ist ein Transfer biblisch die richtige Antwort. Mir sind Schicksale bekannt, daß Ehen geschieden werden mußten, weil die Fehlfinanzierung eines Hausbaus die Familie erschüttert hatte und finanziell die Belastung nicht mehr tragbar war. Es ist zu fragen, ob hier der Gläubigerschutz nicht zu weit getrieben worden ist, da auch der Schuldner in seiner persönlichen Würde geschützt werden muß. Schuldner und Gläubiger müssen verantwortlich handeln lernen; eine permanente Abhängigkeit finanzieller Art – bis zum Ende seines Lebens – ist biblisch nicht gewollt!

Interessant ist, daß der Ausländer ausgeschlossen bleibt. Er muß nicht ausgeschlossen bleiben, aber für ihn gilt das Erlaßjahr nicht zwingend. Kann dies bedeuten, daß man den Schuldenerlaß nicht generell auf alle Entwicklungsländer auszudehnen hat? Kann es sein, daß man Entwicklungsländer, die eine bestimmte Wirtschaftspolitik verfolgen, bevorzugt? Kann es sein, daß Entwicklungsländer, die einen bestimmten Freiraum (Menschenrechte; religiöse Freiheit) geben, bei der Entwicklungshilfe bevorzugt werden? Sollte deshalb ein »christlicher« Staat an »christliche« Entwicklungsländer andere Schuld- und Kreditkonditionen festlegen als für die anderen Entwicklungsländer? Hier müßte intensiv darüber nachgedacht werden, wenn wir analog der biblischen Vorschriften im Alten Testament unsere Entwicklungshilfe nach christlichen Maßstäben konzipieren wollen. Ein genereller Schuldenerlaß mag sozial sein; biblisch notwendig ist er nicht unbedingt.

Dennoch muß gefragt werden, ob durch die hohe Verzinsung nicht der Fall des Wuchers vorliegt.

Abschließend möchte ich noch auf eine kleine Begebenheit im Nehemia-Buch hinweisen. Zum Bau der Mauer – nach der Rückkehr aus Jerusalem – haben die Armen ihre ganze Kraft eingesetzt und mußten sich zur Versorgung mit Nahrungsmitteln bei den eigenen Landsleuten verschulden. So haben sie ihre Äcker, Weinberge und Häuser versetzen müssen, um Getreide zu kaufen. Ja, sogar ihre Kinder und Enkel haben sie als Schuldsklaven an die Wohlhabenden abgeben müssen. Als Nehemia dieses deutlich wurde, und als das Volk sich darüber beschwerte, hielt er Gericht mit den Vornehmen und erreichte, daß sie die Äcker, Weinberge, Ölgärten und Häuser zurückgaben und ihnen die Schuld an Geld, Getreide, Wein und Öl usw. erließen. Dies kann man in Nehemia 5 nachlesen; auch die feierliche Verpflichtung zur Einhaltung des Erlaßjahres in Nehemia 10 wäre hier zu nennen.

Leben wir wirklich nicht auf Kosten der Dritten Welt?

Wir haben jetzt einige Argumente gehört und auch ökonomisch beurteilt. Die Lenkungsfunktion des Preises als Knappheitsanzeiger wird durch eine mögliche soziale Funktion gefährdet. Höhere Preise für Produkte der Entwicklungsländer sind gegen den Markt kaum durchsetzbar. Ebenso hilft unser Wachstumsverzicht nicht den Armen der Dritten Welt. Vieles, was wir an Wohlstand haben, verdanken wir eigenen Anstrengungen und Leistungen. Ein unverdienter Segen Gottes mag noch deutlich werden. Generell ist die neomarxistische Imperialismusthese abzulehnen. Portugal, ein Land mit langer Kolonialvergangenheit, ist relativ arm; die Schweiz oder auch Schweden, die nie Kolonialmacht waren, sind sehr wohlhabend; die Kronkolonie Hongkong ist relativ reich im Vergleich zu Äthiopien, das nie Kolonie war.

Können wir jetzt mit ruhigem Gewissen zur Tagesordnung übergehen, weil wir keine Schuld haben?

Hier möchte ich noch einmal auf die Gerichtsszene, wie sie uns in Mtth. 25 berichtet wird, zurückkommen. Die Menschheit wird dort in zwei Gruppen geschieden, in diejenigen zur rechten Seite (Gerechte) und in diejenige zur linken Seite (Ungerechte und Verfluchte). Das dort berichtete Kriterium ist: Denn ich war hungrig, und ihr habt mir nicht zu essen gegeben; ich war durstig, und ihr habt mir nichts zu trinken gegeben; ich war fremd und obdachlos, und ihr habt mich nicht aufgenommen; ich war nackt, und ihr habt mir keine Kleidung gegeben; ich war krank und im Gefängnis, und ihr habt mich nicht besucht (Mtth. 25,42 f.).

Beide Gruppen sind völlig überrascht. Die linke ist sich keiner Schuld bewußt. Sie wird auch nicht verurteilt, weil sie Böses getan hätte, *sondern weil sie Gutes zu tun versäumt hat.*

Leben wir wirklich nicht auf Kosten der Dritten Welt? Haben wir vielleicht unseren Reichtum den Armen doch vorenthalten?

Hier müssen wir noch einmal intensiv nachhaken.

Wir müssen noch einmal auf den Eigentumsbegriff der Bibel zu sprechen kommen. Sie geht ganz schlicht davon aus, daß Gott Eigentümer des Vermögens bleibt. Wir sind nur Haushalter. Bei der Landnahme wurde von Mose und Josua im Auftrag Gottes einzelnen Stämmen und Familien Landeigentum zugewiesen. Diese Vermögensverteilung kann als gerecht angesehen werden, da sie die von Gott gewollte war. Es war ein auf Zeit verliehenes Nutzungsrecht. Alle 50 Jahre, im sog. Jubeljahr, sollten Grundstücke, die verkauft werden mußten, den ursprünglichen Besitzern zurückgegeben werden. Der Preis des Landes stieg auf diese Weise im Zeitablauf nicht wie bei uns ständig an, sondern sank, je näher das Jubeljahr rückte. Es wurden gewissermaßen nur eine Anzahl Ernten gekauft, nicht aber das Land.

Wir sind nun gefragt, ob wir unsere Haushalterschaft recht wahrgenommen haben. Haben wir Kranken geholfen, Hungernde gesättigt? Dazu gehören auch die Hungernden und Armen der Entwicklungsländer. Haben wir geholfen oder unser Vermögen als unser Eigentum betrachtet? Danach werden wir gefragt. Wie können und sollten wir nun helfen? Sind wir nicht ebenso in Gefahr, so überraschend verurteilt zu werden, wie die auf der linken Seite in der Szene des Jüngsten Gerichts?

Die Mitarbeiter von »Brot für die Welt« haben richtig erkannt, daß das Problem der Versorgung der Armen in ihrer mangelnden Kaufkraft liegt. Hier müssen wir ansetzen! Wachstumsverzicht und falsche Preise helfen nicht weiter. Wir können aber Konsumverzicht leisten und die ersparten Mittel der Dritten Welt überlassen.

Hier möchte ich noch einmal auf die beiden Hauptformen der Entwicklungshilfe eingehen. Die sog. Katastrophenhilfe, wobei den Hungernden Lebensmittel (bspw. Nahrungsmittel in Form von Schulspeisungen) direkt zur Verfügung gestellt werden, werden im großen Maße von den USA und der EG geleistet (obgleich auch manchmal nur, um die Agrarüberschüsse loszuwerden). Die zweite Sorte von Maßnahmen, die Hilfe zur Selbsthilfe (gemäß dem Subsidiaritätsprinzip) nach dem chinesischen Sprichwort: »Gib einem Hungernden einen Fisch und er wird satt; lehre ihn fischen, und er wird nie mehr hungern«, ist schwächer ausgeprägt. Einiges geschieht in Form von technischer Hilfe. Aber das Problem der Hilfe zur Selbsthilfe liegt im zeitlichen Faktor. Zu viele Menschen verhungern und leiden, bis ein initiierter Entwicklungsprozeß in Gang gekommen ist.

Wir haben gesehen, daß einfache Nahrungsmittelhilfe den Preis für Lebensmittel in den Entwicklungsländern reduziert und damit Eigeninitiativen und die ländliche Entwicklung gebremst werden. Die Hilfe müßte – so sahen wir – in Form von Kaufkraftübertragungen an die Armen geschehen, wie es mit Lebensmittelgeld (*food stamps*) möglich ist, so daß die Armen zum Marktpreis Lebensmittel kaufen können. Damit wäre das soziale Problem gelöst, und die Möglichkeit zur Selbsthilfe durch Eigenproduktion wäre für das Land gegeben, da die steigenden Preise es lohnend erscheinen lassen, Agrarprodukte anzubauen.

Aber ein weiterer Punkt muß in diesem Zusammenhang auch angeschnitten werden. Die Betonung einer Hilfe zur Selbsthilfe erfordert für uns ein Öffnen unserer Märkte für die Produkte der Entwicklungsländer. Der zu beobachtende Trend eines steigenden Protektionismus in den Industriestaaten für jene Güter, die die Entwicklungsländer herstellen können, spricht eine andere Sprache. Die erzwungenen sog. freiwilligen Selbstbeschränkungsabkommen eröffnen den Entwicklungsländern nur bescheidene Exportchancen. Der weltweite Protektionismus in den Industriestaaten erklärt sich aus den Beschäftigungsproblemen dieser Länder. Nur wird hierbei vergessen, daß reziproke Maßnahmen des Auslandes Arbeitsplätze in der eigenen Exportgüterindustrie gefährden. Erschweren wir den Import von ausländischen Waren, so werden die ausländischen Regierungen auch unsere Exporte nicht gerade erleichtern. So schädigen wir durch Erschwerung der Importe unsere eigenen Exporte. Ein hoher Zollschutz schläfert außerdem die inländische Industrie ein, so daß die Güter im Inland nur zu höheren Kosten und damit höheren Preisen produziert und damit gekauft werden.

Abgesehen davon, daß die Protektion im allgemeinen allen schadet, sollten wir auch an unsere Verantwortung für die Entwicklungsländer denken. Können sie ihre Güter bei uns nicht verkaufen, können sie auch die unsrigen nicht kaufen, da die gestiegene Auslandsverschuldung für Kredite kaum noch einen Spielraum läßt. Weitere Kredite würden nur zur Zahlungsunfähigkeit führen. Da wäre es in der Tat besser, ihnen unsere Märkte zu öffnen zur Unterstützung einer vernünftigen Hilfe zur Selbsthilfe. Tun wir das nicht, dann leben wir, wenn auch indirekt, doch auf Kosten der Dritten Welt, da wir ihnen die Entwicklungsmöglichkeiten beschneiden. Deshalb sollten die Christen sich für einen uneingeschränkten Protektionsabbau für Produkte aus den Entwicklungsländern einsetzen. Eine vorausschauende Handelsanpassungspolitik unserer Regierung sollte es uns ermöglichen, verstärkt Beschäftigungsmöglichkeiten dort zu fördern, wo wir einen komparativen Vorteil nachweisen können.

Unser Protektionismus zum Erhalt veralteter Strukturen bedeutet, den Entwicklungsländern mögliche Arbeitsplätze zu rauben: Wir schützen unsere Arbeitsplätze auf Kosten der Dritten Welt. Hilfe zur Selbsthilfe bedeutet aber auch, alles zu tun, um einen eigenständigen Entwicklungsprozeß zu ermöglichen.

Viele Programme scheitern am Menschen

Das wichtigste Instrument eines solchen Prozesses ist der Mensch. Nicht nur seine Ausbildung, sondern auch seine ethischen und moralischen Qualitäten sind von ausschlaggebender Bedeutung. Dieses Problem ist in Entwicklungsländern bekannt. Sie wissen, daß sie einen anderen Menschen brauchen. Sie wollen den industriellen, westlichen, produktiven oder auch neuen Menschen, wie sie es nennen.

Viele Projekte und Programme, die in den Entwicklungsländern durchgeführt wurden, scheitern am Menschen, sowohl an dem der Industrieländer (kulturelle, soziologische und technische Voraussetzungen wurden übersehen oder die Entwicklungshilfe wurde mehr als Exportförderung angesehen) als auch an dem Menschen des Entwicklungslandes, der oft keine Beziehung zu dem Projekt entwickelte und viel mehr durch Programme in die Gefahr geriet, korrumpiert zu werden. Die Schuld an dem geringen Wirkungsgrad der Entwicklungsbemühungen wurde schließlich den Systemen zugeschoben. Die Entwicklungsländer begründen das Versagen mit der kapitalistischen Wirtschaftsordnung; die Kirchen haben diese Anschauung oft unterstützt. Die Industriestaaten sahen das Problem in der sozialistischen Wirtschaftsverfassung der einzelnen Entwicklungsländer. Beide versprechen sich Verbesserungen durch eine Änderung der Wirtschaftsordnung der anderen. So möchten die Entwicklungsländer mehr eine internationale sozialistische Wirtschaftsordnung; die Industriestaaten plädieren für mehr Marktwirtschaft in den Entwicklungsländern.

Zusätzlich wurden kleinere und bessere Programme vorgeschlagen, die sich unter dem Schlagwort »Grundbedürfnisbefriedigung« zusammenfassen lassen. Damit hoffte man, wenn nur genügend Hilfe von außen in Form von Kapital, Know-how und Ausbildung käme, sich selbst zu versorgen, ja, sogar noch Agrarprodukte an andere Länder liefern zu können.

Bei allen technologischen, finanziellen, ökonomischen und ethischen Überlegungen wird aber oft der soziologische Ausgangspunkt übersehen. Nur durch einen Wandel der Lebensanschauung und der Wirtschaftsgesinnung ist es möglich, dem angestrebten Ziel näherzukommen.

Die ausreichende Verfügbarkeit von Ressourcen, wie Kapital, Bildung, Devisen etc. ist keine hinreichende Bedingung für einen erfolgreichen Entwicklungsprozeß. Die sozialen, politischen, sozialpsychologischen und auch religionssoziologischen Rahmenbedingungen sind wichtig. Es muß, anders ausgedrückt, zu einer Veränderung der sozialpsychologischen Infrastruktur des Entwicklungslandes kommen.[39]

Man kann schlecht die Überwindung des Nord-Süd-Gefälles fordern und gleichzeitig für die Beibehaltung der vorindustriellen Kultur und Sozialstruktur plädieren. Das heißt aber nicht, daß die Entwicklungsländer die westliche Kultur übernehmen müssen; vielmehr ist eine Akkulturation nötig: ein Hineinnehmen und Verarbeiten ausländischer Einflüsse in die heimische Kultur. Zur Kultur gehört auch die Sittlichkeit.

Schon Charles Secrétan (1815–1895) sah in der Erneuerung der Sittlichkeit die Voraussetzung zur Lösung der damaligen sozialen Frage, der Überwindung der *nationalen* Armut. Nach der Grundbedürfniswelle scheint sich jetzt eine neue Dimension in der Entwicklungshilfediskussion anzubahnen, nämlich das Kulturverständnis.

Bekanntlich kann der kulturelle Rahmen die Entwicklung

hemmen. Einige Beispiele seien kurz genannt: In den asiatischen Ländern ist Handarbeit verpönt. Die wirtschaftliche Nutzung der Rinder in Indien wird durch die Hindutradition verhindert. Da die Ratten als heilige Tiere angesehen werden, ist ihre Bekämpfung nicht ohne weiteres möglich. Die Religion der Rungus in Ostmalaya erlaubt keine Verletzung des Bodens, die bspw. durch das Bohren von Löchern oder beim Graben entsteht; demzufolge kann hier nicht gepflanzt werden. Dazu kommen aufwendige Feste und eine oft passive Haltung, die die vorherrschende wirtschaftliche Situation als von Göttern bestimmt hinnimmt. Bekannt dafür ist die als Kismet-Haltung bekannte Mentalität der Araber.

Wir müssen endlich davon abkommen, einige Globalzahlen wie Pro-Kopf-Einkommen, Kapital pro Arbeiter, Sparquoten usw. parametrisch-technisch zu verknüpfen, und daraus eindeutige Kausalzusammenhänge abzuleiten. Der *Prozeß* der Entwicklung, nicht ihr erreichtes Niveau, müßte notwendigerweise analysiert werden. Bei diesem Prozeß aber spielt die moralische Integrität des Menschen eine große Rolle.

Gunnar Myrdal beklagt, daß viele Menschen in den Entwicklungsländern nur nach dem Überleben trachten. »Sie streben nach nichts anderem als der Erhaltung ihres gewohnten niedrigen Lebensstandards« (S. 414).[40] Es ist ein Wandel der Einstellung zur Arbeit, zum Besitz, zur Vorsorge, zur Pünktlichkeit und Zuverlässigkeit, usw. erforderlich. Der Vizepremier von Singapur meinte neulich, daß wirtschaftliche Pläne allein ungenügend seien; statt dessen müßten neue Werte in die Gesellschaft eingeführt werden, die eine wirtschaftliche Entwicklung erst ermöglichen, und dabei hätten die Kirchen einen wesentlichen Beitrag zu leisten. Die Bedeutung der Religion und der Ethik für den Entwicklungsprozeß ist in der Diskussion zu lange übersehen worden. Es bliebe jedoch zu fragen, wie dieser Wandel, dieses Umdenken, die Schaffung des neuen Menschen, des industriellen Menschen (wie die Entwicklungsländer sagen), zu erreichen ist.

Entwicklung muß von innen kommen

Die Standardantwort auf die Frage, wodurch sich der Sinneswandel beim arbeitenden Menschen herbeiführen lasse, wird lauten: Durch Schulung und Propaganda! Die Erfahrung lehrt, wie wenig damit erreicht wurde! Tansanias Präsident Nyerere sagte in der Arusha-Deklaration: The essential condition for development is hard work (Harte Arbeit ist die notwendige Voraussetzung für eine Entwicklung). Auch Kenias Präsident Kenyatta betonte immer wieder die Notwendigkeit einer Sinnesänderung und verurteilte das Faulenzertum in seinem Land aufs Schärfste.

Könnte der Mißerfolg in der Entwicklungspolitik nicht daher rühren, daß dieser Sinneswandel immer wieder nur von außen verursacht worden ist? Hier aber stoßen wir auf die ganz großen Möglichkeiten des Glaubens an Jesus Christus. Bibel und Erfahrung lehren hier, daß der Glaube an Jesus Christus nicht nur die Menschen in den Industriestaaten, sondern auch in den Entwicklungsländern verändern kann. Der Glaube an ihn kann dann ganze Landstriche mit einer neuen ethisch-moralisch-kulturellen Einstellung durchdringen.

Die Bibel lehrt die Notwendigkeit und Möglichkeit einer *metanoia*, einer Sinnesänderung, eines Umkehrens und Bußetuns, eines Umdenkens. Diese *metanoia* hat ökonomische Konsequenzen, weil sie den ganzen Menschen neu zu Gott in Beziehung setzt und sein Leben vollständig verändert und sich auch auf das ethisch-moralisch-kulturelle Verhalten der Menschen auswirkt.

Hierbei ist jedoch zu betonen, daß *metanoia* nicht Ausdruck einer menschlichen Entscheidung allein ist, sondern ein Akt des Gehorsams gegenüber dem Anruf Gottes.[41] Sie ist Antwort auf einen ergangenen Ruf, Hinwendung zu Jesus Christus. Diese kann aber nur geschehen, wenn Menschen diesen Ruf weiterleiten (Römer 10,14). Von daher gesehen ist die Mission (das Anbieten der *metanoia*) selbst für die wirtschaftliche Entwicklung enorm wichtig.[42]

Welche neue Haltung bewirkt nun die *metanoia*?

Harold W. Turner weist die folgenden Punkte in einer Studie auf:[43] Neue Arbeitseinstellung, bessere Bildung und Gesundheitsfürsorge und eine neue Ethik mit asketischen Zügen. Von einigen unabhängigen Kirchen (*Independent African Churches*) in Afrika berichtet er, daß ihre Mitglieder einer regelmäßigen Arbeit mit Fleiß nachgehen. Sie werden deshalb als Arbeiter sehr geschätzt. In diesen Kirchen hat man Parallelen zur protestantischen Arbeitsethik entdeckt. Ihre Gemeinden sind *self supporting communities* (finanziell unabhängig). Sie sind sogar in der Lage, selbständig langfristige Projekte zu planen und durchzuführen. Unter ihren Mitgliedern sind heute viele erfolgreiche Unternehmer – und infolgedessen wohlhabende Leute.

Turner führt aus, daß es Teil des afrikanischen Wesens sei, den *big man* zu spielen. Diese Haltung haben Mitglieder dieser Kirchen abgelehnt. Dazu kommt, daß Alkohol und Tabak verpönt, wenn nicht gar verboten sind. Es sollte hier genannt werden, daß der Tabak- und Alkohol-Mißbrauch in Schwarzafrika schwerwiegende negative ökonomische Folgen hat. In Kamerun war das Brauereigewerbe übrigens der größte Industriezweig im Lande. Turner führt nun einige Beispiele an, daß sich Gemeinden, in denen *Independent African Churches* vorherrschten, ohne auswärtige Hilfe erfolgreich entwickelten. Diese Entwicklung war allein durch die Veränderung des Menschen aufgrund des Wortes Gottes bedingt.

Man wird an die *Weber-Tawney-These* erinnert, daß die protestantische Ethik, insbesondere in der calvinistischen Ausprägung, in hohem Maße zur wirtschaftlichen Entwicklung beigetragen hat. Dies war nach Tawney und Weber dem protestantisch-calvinistischen Arbeitsethos und dem Sparsamkeitsgebot zu verdanken.

Es ist ökonomisch verständlich, daß dort, wo Fleiß und gleichzeitig Sparsamkeit vorherrschen, ein ökonomischer Entwicklungsprozeß beginnen kann. Durch Fleiß läßt sich ein höheres Einkommen erzielen; wenn dieses Einkommen nicht verpraßt wird, gibt es Möglichkeiten für Investitionen, die zu einer Produktivitätssteigerung führen. Diese beiden typischen ökonomischen Zusammenhänge werden intuitiv von den Calvinisten erfaßt. Die pietistisch-calvinistische Grundhaltung führte dann zu einer Vermehrung des Wohlstandes.

Auch aus heutigen Missionsberichten wird immer wieder deutlich, daß einheimische Kirchen auch ökonomische Erfolge erzielen. Zu nennen wäre die *Cale Heywet-Kirche* in Äthiopien, der Wohlstand Ugandas vor der Machtübernahme Amins, oder auch die als erfolgreich bekannten mennonitischen Siedlungen früher in der Ukraine und nun in Lateinamerika. Die Mennoniten in Südamerika heißen oft Mammoniten, weil sie so reich geworden sind. Nigerianische Studenten sagten mir einmal im Gespräch, daß man am Zustand der Häuser in den Dörfern in ihrem Gebiet ablesen könne, ob hier Christen wohnen würden. Gleiches wurde mir von Missionaren in Südamerika bestätigt. In den Anden merkt man schon den Hütten an, ob hier Christen wohnen. Deshalb ist der wichtigste Beitrag der missionierenden Kirche zur wirtschaftlichen Entwicklung eines Landes die Verkündigung der freimachenden Botschaft. Das schließt, wenn notwendig, auch die technische Hilfe in Form von Entwicklungsprojekten und andere materielle Starthilfen ein, wie es von jeher in der Mission üblich war.

Wir sollten auch die Geschichte fragen, wie es denn bei uns zur industriellen Entwicklung kam. Max Webers Hinweis auf die protestantische Ethik hatten wir schon genannt. Hinzu kommt Luthers neue Berufsethik, in zuverlässiger Arbeit auch Gottesdienst zu sehen; eine Rolle spielte dabei auch die Befreiung von mancher mittelalterlichen Beschränkung des Erwerbsstrebens oder die positive Einstellung zum Reichtum im Calvinismus und die Disziplinierung der Arbeiterklasse durch den Methodismus (besonders in England).

Der Glaube an Jesus Christus kann Menschen und Strukturen verändern. Er hat das bei uns getan und auch schon hier und da in den Entwicklungsländern. Wir sollten diese Möglichkeit mehr fördern: *Denn Mission ist die erfolgversprechendste Entwicklungshilfe!* Wenn wir die freimachende Botschaft des Evangeliums für uns behalten, leben wir – im tiefsten Sinne des Wortes – auf Kosten der Dritten Welt! Hier wäre bedauernd zu vermerken, daß Deutschland die wenigsten Missionare auf der Welt stellt!

Die Bedeutung des wirtschaftlichen Systems

Der Kapitalismus wird von einigen Engagierten in der Kirche für alles Übel in der Dritten Welt verantwortlich gemacht. Die herrschende internationale Wirtschafts(un)ordnung wird dabei mit Begriffen wie Neokolonialismus, Wirtschaftsimperialismus usw. umschrieben. Der Theologe Gollwitzer geht sogar so weit, den Kapitalismus als »institutionalisierte Sünde« zu bezeichnen. Das Allheilmittel liegt in der »Umverteilung der Macht«, im Sozialismus. Da der Kapitalismus die Ausgeburt des Bösen schlechthin ist, folgt, daß der Sozialismus die guten Eigenschaften verkörpern muß. Gesellschaftlich bedingte Privilegien sind in ihm abgeschafft. Christen haben nach Gollwitzer nur die Wahl, das ausbeuterische System zu stützen oder zu seiner Abschaffung beizutragen, d.h. Sozialist zu sein. Ein Zitat Karl Heims aufgreifend, konstatiert er, der Christ sei zu lange barmherziger Samariter gewesen, aber kein Prophet der Gerechtigkeit. So fordert er, und mit ihm die Elite der Entwicklungsländer, eine Überwindung der Struktur des Kapitalismus durch eine sozialistische Wirtschaftsordnung, begründet durch den Traum der gerechten sozialistischen Welt nach der Machtumverteilung, der Enteignung der Reichen.

Folgt aus den biblischen Aussagen der Befreiung Israels aus ägyptischer Knechtschaft oder dem radikalen Einsatz mehrerer Propheten gegen die gesellschaftliche Ungerechtigkeit, folgt aus dem Gleichnis des reichen Mannes und des armen Lazarus und unserem Reichtum und dem Elend der Dritten Welt wirklich die Verurteilung des *Systems*, das unseren Wohlstand ermöglicht hat, wie dies oft theologisch begründet wird? Werden nicht vielmehr die Verantwortungslosigkeit, der Betrug und die unrechtmäßige Bereicherung angeprangert, nicht aber der Wohlstand als solcher? Quelle und Nutzung des Reichtums entscheiden über gut und böse. Der Mensch bestimmt die Strukturen, die die Ausplünderung der Schöpfung verhindern und der menschlichen Armut entgegenwirken. Die menschliche Bosheit hat es damit nicht weit gebracht. Auch in den sozialistischen Wirtschaftssystemen gibt es keine Anhaltspunkte für eine humane und umweltbewußte Nutzung der Ressourcen.

In der Tat hat erfolgreiche Entwicklung auch etwas mit dem System zu tun. Die existierenden sozialistischen Systeme sind ja kaum in der Lage gewesen, ihre Bevölkerung ausreichend zu versorgen. Selbst ein Agrarland wie Polen bedarf der Lebensmittelhilfe. Sozialistische Versuche zur Entwicklung müssen als gescheitert angesehen werden. Kuba hängt rettungslos von der täglichen Unterstützung der UdSSR ab, Tansania ist das Land mit der höchsten Entwicklungshilfe pro Kopf der Bevölkerung und hat dennoch enorme wirtschaftliche Schwierigkeiten, obgleich Schweden sich solche Mühe gab, den Versuch des afrikanischen Sozialismus dort nicht scheitern zu lassen.

Könnte es nicht sein, daß die meisten Entwicklungsländer wirtschaftlich deshalb so langsam vorankamen, weil sie das falsche System wählten, den scheinbaren Erfolg der russischen Industrialisierung vor Augen? Korea, Taiwan oder Singapur, die bewußt ein mehr marktwirtschaftliches System wählten, erreichten immerhin ein höheres Versorgungsniveau für ihre Bevölkerung. Bekannt ist der Vergleich zwischen dem sozialistischen Weg Tansanias und dem marktwirtschaftlichen Versuch Kenias, der eindeutig zugunsten Kenias ausfiel. Leider ist in der letzten Zeit auch von Kenia ein mehr planwirtschaftlicher Weg verfolgt worden. Muß man nicht doch dem EKD-Ratsmitglied Müller zustimmen, wenn er sagt, daß die Soziale Marktwirtschaft wesentlich besser, erfolgreicher und humaner sei als das sozialistische Wirtschaftssystem?

Der künstlich aufgebaute Gegensatz zwischen Kapitalismus (schlecht) einerseits und Sozialismus (gut) andererseits, sowie die Reduzierung des ökonomischen Problems allein auf die Machtfrage bzw. die Umverteilung der Macht, hilft nicht weiter. Treffend schreibt dazu Grasse: »Die Charakterisierung unseres Wirtschaftssystems als Kapitalismus und damit gleichbedeutend als institutionalisierte Sünde trifft nicht auf die Wirklichkeit zu. Sie erzeugt nur Ressentiments gegen die Weiterentwicklung zur Sozialen Marktwirtschaft und verstellt damit den Blick auf die realen Möglichkeiten der Verbesserung der Lebensbedingungen gerade derjenigen, denen man helfen soll. Die Sünde vor Gott ist zu ernst, als daß man sie auf alle möglichen Mißstände anwenden oder gar funktionell als Druckmittel einsetzen sollte« (Private Kommunikation). Man muß doch einsehen, daß unser relativ erfolgreiches Wirtschaftssystem nicht zufällig im Abendland entstanden ist und daß seine Entstehung und Ausbreitung durch den christlichen Glauben gefördert wurde. Die ungeheueren Möglichkeiten unseres Systems verbieten eine leichtfertige und pauschale Verurteilung.

Der moralische Hintergrund des wirtschaftlichen Systems[44]

Gollwitzer verurteilt das kapitalistische System wegen des Eigennutzes der Privilegierten. Die *metanoia* bedeutet für ihn eine Veränderung der Lebenseinstellung zu unseren Privilegien. Hier ist aber zu fragen, ob nicht kausale Zusammenhänge verdreht werden, daß nämlich nicht die soziale Struktur den besseren Menschen schafft, sondern umgekehrt, der Sozialismus den total erneuerten Menschen als Voraussetzung braucht. Der reale Sozialismus scheiterte jedoch am sozialistischen (alten) Menschen.

Adam Smith, der Begründer der klassischen Ökonomie, geht davon aus, daß der Eigennutz so kanalisiert werden muß, daß seine Ergebnisse auch anderen zugute kommen. Wir müssen in der Tat vom gefallenen Menschen ausgehen. Demzufolge wollen wir nun fragen, welche moralischen Anforderungen die beiden Systeme stellen.

Beginnen wir mit dem Sozialismus: Er geht vom guten Menschen aus, der seine gesellschaftliche Pflicht tut und seines Auskommens sicher ist, denn er erhält als Gegenleistung das Benötigte nach seinen Bedürfnissen. Der kategorische Imperativ scheint ihm Motivation genug zu sein. Interessant ist, daß im Frühsozialismus – in Frankreich – sozialistische Banken und Warenhäuser gescheitert sind. Der Mensch ist halt zu schlecht für den Sozialismus.

Im Gegensatz zum Sozialismus geht man in der klassischen Wirtschaftstheorie von der Annahme des egozentrischen Menschen aus. In all seinem Handeln ist er ständig auf der Suche nach seinem Vorteil. Dieser »homo oeconomicus« versucht in rationaler Weise seinen Nutzen in seinem ökonomischen Handeln zu maximieren. Dabei wird ihm sogar eine Unersättlichkeit unterstellt. Diese angelsächsische Theorie wurde deshalb damals beim Aufkommen von den deutschen Ökonomen als »schweinische Theorie« bezeichnet, weil positive ethische Momente ihr fern schienen.

Die Voraussetzungen der klassischen Ökonomie beruhen aber eher auf den tatsächlichen Gegebenheiten; sie entsprechen damit auch mehr der theologischen Sicht des gefallenen Menschen. Wen wundert es, wenn ein für die gefallene Welt erdachtes System wirtschaftlich erfolgreicher ist, als ein in Utopia begründetes?

Wären die Menschen gut, würden beide Systeme funktionieren. Das klassische, das als theoretische Begründung des Kapitalismus herhalten muß, schützt außerdem eher vor den Unvollkommenheiten der Menschen. Wegen dieser Unvollkommenheit ist *metanoia* notwendig, und zwar die *metanoia* des einzelnen – eine kollektive *metanoia* wäre utopisch und völlig wirkungslos. Durch die *metanoia* des einzelnen jedoch können sich, wenn dieser einzelne an Einfluß gewinnt, dann gerechtere Strukturen in der Gesellschaft entwickeln. Wir sehen, daß hier Einfluß und Macht im Hintergrund stehen, aber in der Hand eines von der *metanoia* bestimmten und befähigten Menschen.

Statt sich auf den Sozialismus als biblische Zielrichtung zu konzentrieren, muß sich die Mission dort, wo sie es noch kann, um die *metanoia* des einzelnen bemühen. Daraus können sich dann gesellschaftliche Multiplikatorwirkungen hervorbringen. So schreibt Bockmühl zu Recht[45]:

Die Kirche muß heute vor allem zu ihrem Hauptthema zurückfinden. Das ist die *Gottesfrage:* Die Frage unseres Verhältnisses zu Gott. *Hier entscheidet sich nach christlicher Auffassung das zeitliche und das ewige Heil* (S. 110) ... Es sind die alttestamentlichen Propheten, die wie Barths Lehrer Hermann Kutter, die »Soziale Frage« auf die Gottesfrage zurückführen: »Man schwört und lügt, man mordet und stiehlt, man bricht die Ehe und übt Gewalttat«, denn »*es ist keine Gotteserkenntnis im Lande*« (Hosea 4,1–2). Hier muß der Wandel einsetzen, oder wir haben gar nicht mehr das christliche Motivationspotential für das gewünschte soziale Handeln im Kleinen und Großen, das doch nötig ist und das von den Programmatikern immer stillschweigend vorausgesetzt wird (S. 111).

Statt zuerst die Machtfrage lösen zu wollen (d.h. eine Umverteilung zugunsten bisher Benachteiligter), müßte die Schuldfrage des einzelnen gelöst werden, aus deren Lösung dann auch die Machtfrage in der Gesellschaft angegangen werden kann, weil dann »andere Menschen« diese Macht ausüben, und zwar so ausüben sollten, »als hätten sie nicht« (1. Kor. 7,30).[46]

Ergänzende biblische Bemerkungen zur Entwicklungshilfe

Warum ist der christliche Glaube für die wirtschaftliche Entwicklung so wichtig? Wieso hat das Evangelium diesen Einfluß gehabt, daß in Europa die Wiege des technischen Fortschritts stand? Der Glaube an den Schöpfergott, Jahwe, hat die Natur entmythologisiert. Während in anderen Religionen bspw. die Gestirne als Götter verehrt wurden, hat ihnen das Volk Israel von Anfang an nur eine Laternenfunktion zugewiesen. Die Gestirne sind für den gläubigen Israeliten bloße Geschöpfe gewesen; sie verloren vollkommen ihre Göttlichkeit, die ihnen in der Umwelt Israels zukam. Damit war die Möglichkeit wissenschaftlicher Erforschung gegeben. Man vergleiche dazu Jesaja, der schildert, wie man einen Götzen macht (Jes. 44,9–22). »Aus dem Rest des Holzes habe ich mir einen abscheulichen Götzen gemacht und nun knie ich nieder vor einem Holzklotz!« (V. 19). Oder: »Sie sagen zum Holz, du bist mein Gott und zum Stein: du hast mich geboren« (Jer. 2,27). Man vergleiche diese Haltung mit der anderer Nationen, die die Welt beseelt sehen von bösen Geistern und in ständiger Furcht vor ihnen leben.

Es muß auch darauf hingewiesen werden, daß der Gott des Alten Testaments, der Vater Jesu Christi, den Menschen einen Auftrag für diese Erde gibt, sie nämlich zu beherrschen und zu bewahren.

Wenn ich mich mit dem Funktionieren der Erde beschäftige, dann versuche ich nur, den Ideen meines himmlischen Vaters auf die Schliche zu kommen, der mir den Kulturauftrag gegeben hat. Wie anders sieht dies in den Entwicklungsländern aus! Die Menschen und Natur werden dort in ihrem chaotischen und unterentwickelten Zustand belassen – sehr zur Freude der Ethnologen, doch nicht zu der der Betroffenen. Die Natur wird nicht als ein Geschenk Gottes betrachtet, das man kontrollieren, entwickeln und genießen kann, indem man verantwortlich vor Gott mit teilhaftig wird am Schöpfungsauftrag. Christen sollen Mitarbeiter Gottes sein und als solche konnten und sollten sie in die Natur eingreifen. Sicher ist zu bemängeln, daß sie das oft nicht in rechter Verantwortung vor Gott, dem Schöpfer, getan haben. Hier sind sie zur *metanoia* aufgerufen, zur Änderung ihres Verhaltens.

Der Heidelberger Ordinarius Hans-Walter Wolff sagte auf der Herbstkonferenz 1977 der SMD: »Das eigentlich Christliche ist kein Neutrum, kein Programm, sondern eine Person, *die* Person, Jesus Christus, der sich als Befreier von aller Macht der Bosheit in Gottes Vollmacht unter uns erwiesen hat.«[47] Zur Entwicklung beitragen heißt, die Menschen der Entwicklungsländer mit der Wahrheit und dem Befreier, Jesus Christus, bekannt machen. Wenn sie ihm im Glauben Gehorsam leisten, verspricht der Alte Bund, stehen sie auch unter dem Segen Gottes.

Es ist interessant zu sehen, daß die vielgeschmähte Missionsarbeit als Voraussetzung einer wirksamen Entwicklungshilfe mehr und mehr anerkannt wird. So sagte Hans Stercken in der FAZ (4. 1. 1985): »Erst einmal müßten die Afrikaner sehen, daß der technischen Zivilisation des Westens, wenn darin die Entwicklung gesehen wird, die biblische Aufforderung zugrunde liegt, sich diese Welt untertan zu machen.«

Christliche Missionare haben die Botschaft nach Afrika getragen. Die Kirchen haben den besten Beitrag zur Entwicklung geleistet. Im Christentum sieht Stercken die geistige Grundlage der technisch-zivilisatorischen Entwicklung, mit der die afrikanischen Staaten Anschluß an die moderne Welt finden können.

Ich möchte aus einem Artikel, der am 26. 1. 1985 im Rheinischen Merkur erschien, einige Abschnitte zitieren, aus denen die Bedeutung der Missionsarbeit für die Entwicklung eines Landes deutlich wird.

Christliche Barmherzigkeit hat im Abendland frühzeitig eine soziale Sensibilität entwickelt, die anderen Kulturen und Religionen in dieser Intensität bis heute abgeht. Die fast 4 Mio. Flüchtlinge aus Afghanistan können zwar mit der verbalen Solidarität ihrer islamischen Glaubensbrüder rechnen, zum Überleben aber sind sie auf die Hilfe der westlichen Welt angewiesen. Ähnliche Hilfe haben auch die mehrheitlich muslimischen Völker des afrikanischen Sahel und die buddhistischen Staaten Indochinas erfahren. Unvorstellbar wären hingegen in islamischen Ländern Straßensammlungen oder Kollekten in den Moscheen zugunsten etwa von Kasten-Hindus.

Die soziale und karitative Arbeit der Kirche in der Dritten Welt, nicht aber ihr Missionsauftrag, genießen weltweit hohes Ansehen. Der Weg führt von den Zweifeln der europäischen Aufklärung, ob man fremden Völkern den christlichen Glauben »aufzwingen« dürfe, zu den Altvätern der Anthropologie, für die christliche Mission der Feind schlechthin war. Die späten Adepten heute, darunter auch einige Journalisten, bringen dieses vernichtende Urteil weiter unter die Leute, wobei ihnen dies durch ein dunkles Kapitel der Kirchengeschichte leicht gemacht wird: die unglückselige Rolle der Kirche bei der Eroberung Lateinamerikas, deren Folgen bis jetzt zu spüren sind.

Für Marxisten, auf deren Konto die Zerstörung verschiedener großer Kulturen geht, ist Mission ohnehin »religiöse Propaganda«, von der die Menschen zu befreien sind. Die Meinung, daß Mission nur im Verbund mit dem Kolonialismus gedeihen konnte, und daher eine (überholte) Zeiterscheinung sei, ist weit verbreitet. Kirchengeschichtlich sind die

Beziehungen zwischen Staat und Kirche in Regionen, die heute der sog. Dritten Welt zugerechnet werden, komplizierter ...

Selbst im Zeitalter des europäischen Kolonialismus hatte die Kirche vielerorts harte Konflikte in den Kolonien zu bestehen. In Westafrika förderte Frankreich während der antiklerikalen III. Republik (1870 bis 1940) die Ausbreitung des Islam. Moscheen wurden mit französischen Steuergeldern gebaut, örtliche Verwaltungen vornehmlich Moslems anvertraut. Weite Gebiete blieben für christliche Missionen »verbotenes Land«. Auch die Briten behinderten in weiten Teilen des indischen Subkontinents aus taktischen Gründen die Arbeit der Mission. Auffällig ist jedenfalls, daß die Kirche ihren wahren Durchbruch in Asien und Afrika erst *nach* dem Abzug der Kolonialmächte erlebte.

In der Tat ist die Aufnahme des Evangeliums die größte soziale Umwälzung in einem Menschen und in dem Leben eines Volkes. Allerdings muß auch hier gesehen werden, daß der daraus resultierende Entwicklungsprozeß von innen beginnt. Erst werden Menschen anders, dann können diese Menschen andere Strukturen schaffen. So hat bspw. der Pfarrer Johann Friedrich Oberlin durch sein Wirken im Steintal, in den Vogesen, um 1770 aus dem Glauben heraus das Genossenschaftswesen als erster formuliert und entwickelt und damit dieses Steintal zu einem blühenden ökonomischen Tal gebracht. Arme, resignierte Bauern, Viehhirten und Tagelöhner hatten damit auch ökonomisch neue Möglichkeiten. Gerade der Glaube entfaltet viel Phantasie zum sozialen Helfen.[48]

Die Mission wird heute oft kritisiert; die Kritiken sind häufig aber völlig unsachlich in mangelnder Kenntnis der Tatsache, daß sich ein großer Teil der Missionare gegen die von den Weißen ergehende Ungerechtigkeit gewehrt hat. Viele Missionare waren unerschrocken darum bemüht, Ungerechtigkeiten (bspw. im Verhalten der Kolonialmächte) anzugreifen und die Einheimischen vor Übergriffen zu schützen. So faßt Rennstich wie folgt die Wirksamkeit der Missionare zusammen:

Im 19. Jahrhundert wurden die Missionare für die antikolonialen Regungen in den Kolonien verantwortlich gemacht: man warf ihnen vor, sie predigten Gleichheit, Brüderlichkeit und Gleichberechtigung der

Rassen und sie seien Schuld an der Zerstörung der »paradiesischen Zustände« kolonialer Ausbeutung. Heute wirft man ihnen das Gegenteil vor. Vorurteile sind die beste Munition im Machtkampf, denn darauf reagieren die Massen. Auch in den »Entwicklungsländern« sind Vorurteile Machtmittel. Alles Böse kommt von den Weißen! – Also braucht man selber nicht nach Fehlern zu suchen, denn nicht die blühende Korruption und die ungehinderte Bevölkerungsexplosion, sondern die »bösen Kolonialregierungen« sind schuld am mangelnden Wirtschaftswachstum. Die ehemaligen Kolonialherren reagieren darauf so, daß sie die Unfähigkeiten der neuen Machthaber als Entschuldigung für ihre früheren Fehler nehmen und appellieren an die »Dummheit« (Vorurteile) der westlichen Massen. Wahrlich: Gegen »Dummheit« kann man nicht ankämpfen. Hier hilft nach Bonhoeffer nur ein *Akt der Befreiung*; weil die »Dummheit« ihre eigentliche Wurzel in der Sünde hat, kann nur die Befreiung von dieser zum eigentlichen Urteil frei machen (S. 205).

Allmählich wird erkannt, daß die Kirchen – getragen von der Botschaft, die sie zu sagen haben – mehr und mehr dazu beitragen, daß der Wille zur Selbsthilfe wächst. In dem zitierten Artikel des Rheinischen Merkur wird dies gut zusammengefaßt und deshalb möchte ich mit dem Zitat noch ein wenig fortfahren:

Um so sonderbarer mutet es an, daß die Erkenntnisse der herkömmlichen Missionskritik mittlerweile auch Gläubige in Kreisen der Kirche gefunden haben. In Gruppen, deren Engagement für Dritte Welt, Menschenrechte und Friedensfragen eindrucksvoll ist, trifft man häufig die Vorstellung, daß Mission überflüssig ist und höchstens noch in Form von Entwicklungshilfe tragbar sei.

Sogar Vertreter der sog. Amtskirche erwecken manchmal den Eindruck, sich lieber mit den weltlichen Werken der Dritten Welt zu schmücken.

Vom Mythos der »glücklichen Wilden« hat die Anthropologie inzwischen Abschied genommen. Aber vielen Medien liefert er immer noch den Ansatzpunkt einer ausgiebigen Missionskritik. In der aktuellen Berichterstattung aus der Dritten Welt kommt man freilich nicht umhin, den Beitrag der Kirchen für die Entwicklung, den Einsatz für Menschenrechte und soziale Gerechtigkeit herauszuheben ... Der gute Ruf der Kirche bei der Bewältigung von mancherlei Krise ist mittlerweile so weit gediehen, daß sogar so säkulare Institutionen wie die Deutschen

Fernsehanstalten die Dienste der Kirche für ihre Hilfsprogramme beanspruchen.

Daß es die Mission war, die erst die Voraussetzungen geschaffen hat, damit diese Hilfe wirksam werden kann, ist »insidern« bekannt und bleibt doch in den Aufrufen unberücksichtigt. Es gilt als selbstverständlich, daß die Kirche alle verfügbaren Kräfte an die »Hungerfront« wirft mit den Folgen, die kaum bedacht werden: Wenn sich neue Katastrophen auftuen, schwindet die Anteilnahme in der Alten Welt ...

Die Bindung eines Großteils des kirchlichen Personals in Programme des Auslands fördert nicht unbedingt das Entstehen von Ortskirchen. Die afrikanischen Kirchen nehmen den sozialen Dienst am Menschen zwar ernst, sehen aber im Verkünden der Frohen Botschaft ihre Hauptaufgabe. Mission ist heute immer noch beste Entwicklungshilfe: Afrikanische Länder, in denen sich die christliche Botschaft frei entfalten konnte, blieben von Katastrophen biblischen Ausmaßes weitgehend verschont.

In diesen Tagen wird spürbar, daß die christlichen Kirchen auf dem Schwarzen Kontinent ein neues Klima gestiftet haben: Der Wille zur Selbsthilfe greift immer mehr um sich ...

Nochmals die Schuldfrage

Sind wir schuld am Elend der Dritten Welt? Die Schuldfrage ist, wenn man sie im Kern verstehen will, zumindest zweischichtig. Es muß nämlich geklärt werden, was unter »Schuld« verstanden sein soll. Ist unter Schuld »Sünde« gemeint oder mehr die Kausalkette (causa)? Wird bei kollektiver Schuld nur an die Kausalkette gedacht? Diese beiden Momente des Schuldbegriffes werden in der Diskussion nicht auseinandergehalten.[49]

Eine Schuld im Sinne der marxistischen Imperialismustheorien (causa) – so hatten wir gesehen – wird von den Daten, die uns zur Verfügung stehen, nicht eindeutig belegt. Auch der Vorwurf gegenüber den Missionsgesellschaften ist, global gesehen, ungerechtfertigt. Die Missionare haben sich meist für die einheimische Bevölkerung eingesetzt und nur zu oft Schwierigkeiten mit der Kolonialverwaltung gehabt. Sie heute der Komplizenschaft zu verdächtigen, entspricht einfach nicht den Tatsachen.

Ob persönliche Schuld im Sinne von Sünde vorliegt, darauf kann hier nicht eingegangen werden. Persönliche Schuld gehört in den Bereich der Seelsorge. Kollektive Schuld ist eigentlich ein Unding. Der Prophet Elia beschuldigt Ahas, den König Israels (und nicht das System oder das Volk), daß er »totgeschlagen und in Besitz genommen« hat (1. Kön. 21,29). Totschlag kann nicht zurückgenommen werden. Nicht jede Schuld läßt sich abtragen. Manche Schuld kann nur durch Vergebung aufgehoben werden. Wohl können einzelne Gruppen kollektiv Zeichen setzen, aber eben nur Zeichen.

Da man durch Schuld, aber auch durch den Segen Gottes reich werden kann, impliziert der Wohlstand der Industrieländer noch nicht unbedingt Schuld, denn er beruht ja zum Teil auf Eigenanstrengungen und Eigenideen. Interessant ist in diesem Zusammenhang die Beobachtung, daß zuweilen die Behauptung einer kollektiven Schuld Hand in Hand geht mit einer Abnahme der persönlichen Verantwortung und dem Bewußtsein persönlicher Schuld (Wie großzügig wird das Problem der Abtreibung behandelt; wie intensiv wird auf kollektive Schuld der Weißen oder auch Südafrikas eingegangen).

Das Evangelium zeigt an vielen Stellen, daß Jesus die Machtfrage, die eng mit der Schuldfrage verknüpft ist, zunächst ausklammert, um zuerst das gestörte Verhältnis zwischen Gott und dem Menschen wieder in Ordnung zu bringen. Aber dann folgt das »sündige hinfort nicht mehr«. Wir haben darauf zu achten, daß wir unter den Gesetzen der herrschenden Wirtschaftsordnung nicht schuldig werden.

Warum beschuldige ich nun kein System? Weil die Bibel Schuld in die Verantwortung des einzelnen stellt, ein System aber weder Reue noch Buße leisten kann, ist es unsinnig, Systeme zu beschuldigen. Ein System ist offen nach beiden Seiten. Das zeigen deutlich die Propheten. Denn alles, auch das Gute oder an sich Neutrale, kann zur Macht werden, zur Sünde. So kann Geld zur Macht werden (Mammon)! Die Menschen verdarben die Schöpfung, die gut war (1. Mose 1,31). Wir Christen, das lehrt bspw. der Prophet Micha, sollten die Menschen, die Verantwortung haben, mutig ansprechen. Dabei geht, wie H.W. Wolff gezeigt hat[47], die öffentliche Anklage der Gewalt nicht pauschal und generell vor, sondern geht den konkreten Akten nach, von heimlichem Begehren und Planen angefangen bis zur gewalttätigen Durchführung. »Nicht die Verhältnisse oder das System werden angeprangert, sondern die für ihre Taten verantwortlichen Menschen« . . . »nicht dagegen werden die Bedrängten und Leidenden gesammelt, angesprochen oder gar zum Widerstand aufgefordert«. Was für das damalige Israel galt, gilt auch für uns – und die Entwicklungsländer: »Suchet mich (den lebendigen Gott), so werdet ihr leben!« (Amos 5,14)

Auch Charles Darwin gab zu, daß die Verkündigung des Evangeliums die einzige Möglichkeit ist, um Menschen zu verändern. Er besuchte einmal die Insel Tierra del Fuego am Südzipfel Südamerikas. Die Roheit und Bestialität der Menschen dort hat ihn sehr erschüttert. Aber dann kehrte er zu dieser Insel zurück, nachdem ein Missionar unter den Leuten gearbeitet hatte. Er war verwundert über den Wandel, den er dort feststellen konnte. Er mußte zugeben, daß das Evangelium von Jesus Christus die Macht hat, Menschenleben umzugestalten. Er war in der Tat so durch dieses Ereignis bewegt, daß er bis zum Ende seines Lebens dieser Mission Geld spendete. Er schrieb einmal an einen Pfarrer: »Ihre Dienste haben mehr für unser Dorf getan in wenigen Monaten als unsere Bemühungen für viele Jahre. Wir sind niemals in der Lage gewesen, einen einzigen Trunkenbold zurückzugewinnen; aber durch Ihre Predigten und Ihren Dienst weiß ich jetzt gar nicht mehr, ob es überhaupt noch einen Trunkenbold und Alkoholabhängigen in dieser Stadt gibt.«[50]

Unser Mangel an geistlicher Erkenntnis

An einer süddeutschen Universität hielt ich vor nicht allzu langer Zeit einen Vortrag mit dem Thema dieses Buches (»Leben wir auf Kosten der Dritten Welt?«). Ich hatte in meinen Ausführungen auf die Bedeutung des Glaubens und der Mission hingewiesen. In der Diskussion meldete sich eine Kommilitonin, die ganz erstaunt sagte, daß wir doch alle Christen seien und daß sich bei uns doch keine Änderung dieser Art vollzogen habe. Dadurch, daß die Bevölkerung in den Entwicklungsländern zu Christen würde, würde doch gar nichts geschehen. Sie verstünde die Zielrichtung meiner Ausführungen und ihre Bedeutung nicht.

Mir wurde dadurch deutlich, wie wenig wir in Deutschland noch vom Christentum wissen. Die meisten halten sich für Christen, aber sie wissen nicht mehr, was dies bedeutet. Sie fragen kaum nach biblischen Maßstäben und sprechen ungefähr so, wie die Menschen zur Zeit Sacharjas (11,5), wo es an einer dunklen Stelle heißt: Sie halten es für keine Sünde und sprechen: Gelobt sei der Herr, ich bin reich! – Unser Christsein wird als die Übernahme einer bestimmten Doktrin angesehen. Wenn man eine bestimmte Menge an Satzungen einhält, ist man Christ. So halten viele das Christentum für ein religiöses System, das mit anderen Hochreligionen gleichberechtigt ist. Ja, das Christentum ist für viele nicht nur eine unter den Religionen, sondern die höchstentwickelte aller Religionen. Damit haben sie allerdings das Christsein völlig mißverstanden. Von Anfang an war das Evangelium nämlich ein Ärgernis, eine Torheit für die weisen Griechen.

An der Geschichte Abrahams läßt sich verdeutlichen, wie unser Christsein nach außen wirken muß. Abraham hatte bekanntlich eine Verheißung des lebendigen Gottes, daß er ihn zu einem Vater vieler Völker machen würde und daß er von seiner rechtmäßigen Ehefrau einen Sohn bekommen würde. Er hatte sehr lange zu warten und es auch mit anderen Mitteln versucht. So hat er, was in damaliger Zeit üblich war, auf Anraten seiner Frau mit deren Magd ein Kind gezeugt. Gott hatte dann lange geschwiegen – und als Abraham, knapp hundertjährig, wieder von Gott die Verheißung erneut zugesichert bekam, da glaubte er zitternd dieser Verheißung. Paulus drückt das im Römerbrief folgendermaßen aus:

Er (Abraham) hat geglaubt auf Hoffnung, wo nichts zu hoffen war, daß er der Vater vieler Völker werde, wie zu ihm gesagt ist: »So zahlreich sollen deine Nachkommen sein«. Und er wurde nicht schwach im Glauben, als er auf seinen eigenen Leib sah, der schon erstorben war, weil er fast hundertjährig war, und auf den erstorbenen Leib der Sara.[51] Denn er zweifelte nicht an der Verheißung Gottes durch Unglauben, sondern wurde stark im Glauben und gab Gott die Ehre und wußte aufs Allergewisseste: Was Gott verheißt, das kann er auch tun.

Darum ist es ihm auch zur »Gerechtigkeit« gerechnet worden. Daß es ihm zugerechnet worden ist, ist aber nicht allein um seinetwillen geschehen, sondern auch um unseretwillen, denen es zugerechnet werden soll, wenn wir glauben an den, der unseren Herrn Jesus Christus auferweckt hat von den Toten, welcher ist um unser Sünden willen dahingegeben und um unserer Rechtfertigung willen auferweckt.

Mich hat dieses »gegen alle Hoffnung auf Hoffnung«, dieses Hoffen, wo nichts zu hoffen war, sehr beschäftigt. Gegen diese Verheißung sprach alle Erfahrung, alle Erkenntnis, alle Wissenschaft; und gegen Wissenschaft und gegen seine Erfahrung setzte Abraham diese Zusage Gottes, die schwerer wiegt als das andere. Dies ist eine gefährliche Haltung; aber genauso verrückt ist im Grunde genommen die Botschaft der Kirche. Da war ein Mensch, der vor fast 2000 Jahren als Sohn Gottes, von einer Jungfrau geboren, über die Erde ging, von dem gesagt wurde: Er wurde meine Sünde. Wieso kann dies eine Bedeutung für die Menschen in den Entwicklungsländern haben?

Es kann ein Rollentausch stattfinden. An einer Geschichte ist mir dies sehr eindrücklich geworden:

Ein persischer Prinz hatte ein Gesetz erlassen und die Übertretung des Gesetzes mit dem Auspeitschen geahndet. Kaum war das Gesetz erlassen, wurde ihm gemeldet, daß seine Mutter dieses Gesetz übertreten hatte. Die einen Ratgeber meinten, daß man die eigene Mutter nicht auspeitschen lassen dürfe; die anderen Ratgeber wiesen darauf hin, daß die Gesetze der Perser und Meder heilig seien, daß sie nicht geändert werden könnten und daß sie auch für die Mutter gelten. Was sollte der Prinz tun? Er fand eine Lösung, die beiden Prinzipien, beiden Ratschlägen, entgegenkam. Er sagte: Die Gesetze der Perser und Meder sind heilig und unumstößlich und gelten auch für meine Mutter! Die Strafe muß vollstreckt werden! Und dann fügte er an: Aber ich trage die Strafe; holt den Auspeitscher und peitscht mich aus!

So hat Gott gehandelt; die Strafe, die wir verdient hatten, liegt auf ihm, auf daß wir Frieden haben. Dies ist entweder die großartigste und universellste Botschaft, die je auf dieser Erde proklamiert wurde, oder sie ist der größte Unsinn, ja, der größte Betrug an der Menschheit. Vor dieser Frage steht jeder einzelne von uns. Nehme ich diese biblische Aussage ernst, so ändert sich mein Leben. Ist sie mir gleichgültig oder ärgerlich, so bleibt alles beim alten. Die Annahme dieses Rollentausches ermöglicht nämlich jedem Menschen einen Neubeginn.

Ich möchte noch einmal auf die Frage der Kommilitonin zurückkommen. Warum passiert so wenig bei uns, wo so viele Christen wohnen. Böll hat einmal gesagt, daß er nicht verstehe, daß es 700 Millionen Christen gäbe. Wenn dem so wäre, müßte die Welt anders aussehen. Es mag jetzt nicht nur an dem Nichtverstehen der biblischen Botschaft liegen, sondern an der falschen Blickrichtung, die so viele Christen haben. Sie sind oft mit sich selbst beschäftigt; sie schauen auf ihre Not, auf ihre Sünde, auf ihre Möglichkeiten und sind gebannt wie ein Karnickel, das voll Schrecken eine Schlange ansieht und nicht fortkann. Ich möchte in diesem Zusammenhang nochmals auf ein Wort des Römerbriefes hinweisen. Paulus schreibt in Kapitel 6 Vers 11 f.:

So auch ihr, haltet euch dafür, daß ihr der Sünde abgestorben seid und lebt für Gott in Christus Jesus. So laßt nun die Sünde nicht herrschen in eurem sterblichen Leibe und leistet seinen Begierden keinen Gehorsam.

Da steht im Griechischen das Wort *logizesthe*, das soviel heißt wie »bucht Euch um als« oder »seht Euch so an als«. Den Christen ist gesagt, daß sie sich dafür halten sollen, daß sie der Sünde abgestorben sind. Dies ist ein zentraler Vers für den praktischen Lebensvollzug der Christen. Die Bedeutung dieses Verses möchte ich an einer Geschichte klarmachen, die man Napoleon nachsagt.

Der Kaiser Napoleon, der bekanntlich ein kleiner Mann war, hatte eine Parade abgehalten. Während der Parade geschah es, daß sein Pferd scheute. Er wäre vom Pferd gefallen, wenn nicht geistesgegenwärtig ein Musketier sich in die Zügel geworfen hätte und damit Napoleon vor diesem Fall bewahrte. Napoleon sagte nur ein Wort: »Danke, Herr Hauptmann!« Der Musketier war aber auch hier geistesgegenwärtig und fragte den Kaiser: »Welches Regiment, Sire?« und Napoleon antwortete: »Mein Garderegiment!« Der Musketier begab sich schnurstracks zu den Offizieren des Garderegiments, die ihn nicht aufnehmen wollten. Er sah für sie ja aus wie ein Musketier. Auf die Frage, wie er dazu käme, Hauptmann zu sein, sagte er nur: »Der Kaiser hat's gesagt«. Abends im Offizierskasino beschwerte sich die Generalität beim Kaiser, daß er diesen Musketier zum Offizier des Garderegiments ernannt hätte. Der Kaiser soll gesagt haben: »Nimmt er's, dann hat er's!«

Ich habe oft über diese Geschichte nachgedacht und fand, daß sie in hervorragender Weise die Situation unseres Glaubens abdeckt. Wir sehen aus wie alle anderen Menschen auch und behaupten, daß wir neue Menschen sind. Der Musketier sah aus wie alle anderen Musketiere und behauptete, daß er ein Hauptmann des Garderegiments wäre. Ich habe mich oft gefragt, was er denn war. War er schon Hauptmann? Wird er erst Hauptmann mit der neuen Uniform? Galt das Wort des Kaisers sofort? Es ist so entscheidend, wie er sich benimmt. Der Musketier benahm sich als Hauptmann, und darum war er Hauptmann.

Christen müssen sich in gleicher Weise als solche ansehen, die der Sünde abgestorben sind! Das ist ihre neue Wirklichkeit! Sie sind neue Menschen. Sie dürfen nicht auf ihre alte Uniform sehen und sie mit der Uniform des Nachbarn vergleichen und verzagen und das Wort ihres Befehlshabers nicht mehr ernst nehmen. Hier liegt m.E. unter den Christen das entscheidende Problem. Sie haben entweder dieses Wort, daß sie ein neuer Mensch seien, noch nicht vernommen, oder sie haben es vergessen und nicht in die Tat umgesetzt. Sie sind wie ein Musketier, der dieses Erlebnis mit dem Kaiser für einen Traum hält, und der Musketier bleibt, weil er sich für einen Musketier hält. Wenn ich nun von der neumachenden Kraft des Glaubens an Jesus Christus spreche, wenn ich von der verändernden Macht auf Menschen spreche, wenn ich die Max Weber-These anführe, dann meine ich immer, daß hier wahre Entscheidungen gefallen sind, daß Menschen mit dem Schöpfer des Himmels und der Erde eine persönliche Beziehung angefangen haben, daß der Glaube eine Wirksamkeit in diese Welt hinein hat, daß Menschen von daher anders geworden sind.

Nur dieser Glaube hat eine gesellschaftlich verändernde Kraft. Wenn dieses Wissen in den Industrieländern verloren geht, dann können sie davon nichts mehr an die Entwicklungsländer weitergeben. Die Kirche wird dann zu einer leeren Hülse ohne Inhalt, zu einem toten Christentum, also zu dem, was Jesus »getünchte Gräber« nennt; dieser Glaube hat keine Kraft mehr, weder für unseren eigenen Staat noch für die Länder der Dritten Welt. Auf diesen persönlichen Glauben, der Menschen eben verändert, ohne daß vorher die Umwelt verändert werden muß, der dann aber in der Lage ist, auch die Umwelt zu beeinflussen – auf diesen Glauben kommt es an! Dieser Glaube allein ist die beste Entwicklungshilfe, die wir – wenn wir es vermögen – an die Dritte Welt weitergeben müssen.

Obgleich es in dieser Welt wichtige Dinge zu regeln gibt, ist die Verkündigung dieses freimachenden Evangeliums das Allerwichtigste und die Grundvoraussetzung zur Regelung der anderen Probleme. Ist dieser Glaube nicht mehr vorhanden, dann fehlt das durchtragende Motivationspotential für die anderen (auch sozialen) Aufgaben.

In diesem Zusammenhang möchte ich an einen Streit erinnern, der sich zwischen den griechischen und den hebräischen Juden in der Urgemeinde erhoben hatte. Die griechischen Juden meinten nämlich, daß ihre Witwen übersehen würden bei der täglichen Versorgung mit Nahrung. Da riefen die Apostel die Jünger zusammen und sprachen: »Es ist nicht recht, daß wir für die Mahlzeiten sorgen und darüber das Wort Gottes vernachlässigen« (Apg. 6,2).

Aus diesem Vers wird die Bedeutung der Verkündigung deutlich. Aber aus dieser kleinen Geschichte, die dort erzählt wird, muß noch eine weitere Lehre gezogen werden: Auch die anderen

Aufgaben benötigen eine geistliche Motivation. Die Menschen, die für die Organisation der Verpflegung verantwortlich gemacht wurden, mußten auch geistliche Voraussetzungen mitbringen. Wir wissen, daß Stephanus, einer dieser gewählten Männer, auch predigte und daß er in der Diskussion mit den Juden unschlagbar war. Er wußte so gut in den Schriften Bescheid, daß die Gegner ihm und dem Geist der Wahrheit, mit der er redete, nicht zu widerstehen vermochten (Apg. 6,10). Es wäre gut, wenn unsere Entwicklungshelfer, die für ärztliche und soziale Zwecke eingesetzt sind, ebenfalls solch ein klares biblisches Verständnis mitbrächten, daß in Gesprächen über den Glauben sie auch verstandesmäßig so gut Bescheid wüßten, daß die anderen der Weisheit und dem Geist nicht zu widerstehen vermögen. Hier muß der kirchliche Entwicklungsdienst hellhörig werden und sich fragen, ob er nicht das Wesentliche versäumt hat zu tun und damit auch schuldig geworden ist bei aller sozialen Hilfe.

Eine Warnung – auch an uns

Wir hatten gesehen, daß die Kirche mehr zu sozialen Diensten hin tendiert; Mission als Wortverkündigung ist nicht mehr gefragt. Ein Kulturimperialismus, der dahinter zu stecken scheint, wird abgelehnt. Die wortlose Verkündigung wird vorgezogen; der Dienst besteht im Dienen und Helfen allein. Zwar wird betont, daß dieser Dienst aus christlicher Verantwortung geschieht, aber in der Verkündigung des Evangeliums tritt man zu kurz. Dabei ist die Mission nicht das Hobby einer bestimmten Gruppe in der Kirche, bspw. der Pietisten; sie ist ernste Wirklichkeit und Auftrag des lebendigen Gottes an seine Gemeinde. Wir lesen dazu ein Wort aus dem Propheten Hesekiel (3,17–19):

Du Menschenkind, ich habe dich zum Wächter gesetzt über das Haus Israel. Du wirst aus meinem Munde das Wort hören und sollst sie in meinem Namen warnen. Wenn ich dem Gottlosen sage: du mußt des Todes sterben! und du warnst ihn nicht und sagst es ihm nicht, um den Gottlosen vor seinem gottlosen Weg zu warnen, damit er am Leben bleibe, – so wird der Gottlose um seiner Sünden willen sterben, aber sein Blut will ich von deiner Hand fordern. Wenn du aber den Gottlosen warnst und er sich bekehrt von seinem gottlosen Wesen und Wege, so wird er um seiner Sünde willen sterben, aber du hast dein Leben errettet.

Dazu wollen wir noch ein Wort des Apostels Paulus stellen, der im 2. Korintherbrief folgendes schreibt (Kap. 5, 11. 14 f.):

Weil wir nun wissen, daß der Herr zu fürchten ist, suchen wir Menschen zu gewinnen; ... denn die Liebe Christi drängt uns, ... und er ist darum für alle gestorben, damit, die da leben, hinfort nicht sich selbst leben, sondern dem, der für sie gestorben und auferstanden ist.

Aus diesem Wort wird der Ernst des Missionsauftrages deutlich. Der Missionsbefehl ist ja auch an alle Christen, ohne Ausnahme, gerichtet. In diesem Wort wird deutlich, wo die Gefahr herkommt und daß Gott die Menschen liebt, es wird der Ernst der Warnung Gottes deutlich und auch unsere Verantwortung wird klar gezeigt.

»Gott bestellt seinen Boten zum Späher, damit dieser die Angehörigen seines Volkes vor ihm warne, und schärft ihm die Treue in diesem Amte ganz unerbittlich ein.«[52] In diesem Wort wird die ganze Irrationalität des göttlichen Tuns deutlich. Gott ist selbst der Feind seines Volkes; er zieht das Schwert gegen sie. In anderen Prophetenbüchern ist davon die Rede, daß Kriege, Hungersnöte und ökologische Krisen Ergebnis der Übertretung der göttlichen Gebote sind. Dieser Gott stellt aber zugleich einen Warner auf, der dieses Volk vor dem Schwert, mit dem er selber kommt, warnt und somit versucht, dieses Schwert unwirksam werden zu lassen. Gott ist unterwegs zum Gericht, aber dieses Gericht fällt nicht wie ein Blitz vom Himmel. Gott gibt Raum durch seinen Warner, Gottes Krieg und Verurteilung zu verhindern. Denn das Ziel Gottes ist, daß der Mensch lebe. Im Hesekiel ist mehrfach die Rede davon, daß Gott Wohlgefallen daran hat, daß der Sünder lebe und sich bekehre.

Dieses Wort zeigt aber auch den ganzen Ernst Gottes. Fast anstößig ist formuliert (und nicht nur hier, sondern fast wortwörtlich auch im 33. Kapitel), wie der Auftrag aussieht. Er ist idiotensicher formuliert; daraus wird der ganze Ernst des Auftrages deutlich.

Dieses Wort zeigt aber auch unsere Verantwortung. Gott will nicht, daß wir in diesem wichtigen Bereich schlampen. Es geht ihm um die Rettung der Menschen – auch um die der Dritten Welt – und deshalb versteht er keinen Spaß, wenn wir diesen Auftrag nicht ernst nehmen.

Diese Verse aus dem Buch des Propheten Hesekiel machen deutlich, daß sich die Kirche nur retten kann, wenn sie selber rettet, d.h. missioniert. An einem kleinen Beispiel läßt sich das verdeutlichen, das ich vor längerer Zeit gelesen habe: Zwei Männer waren in Alaska in einen Schneesturm geraten. Der eine verletzte sich; der andere trug seinen Freund durch diesen Schneesturm zur nächsten Schutzhütte. Es wurde dann gesagt, daß er nur dadurch, daß er unter großen Kraftanstrengungen (und Wärmeentfaltung) seinen Freund rettete, sich selber gerettet hat.

So kann die Kirche nur durch Missionierung überleben. Wir sind dadurch eingebunden in die Dritte Welt. Die Kirche kann nur als missionierende Kirche selber überleben.

Leben wir auf Kosten der Dritten Welt? Wenn wir das Evangelium für uns behalten, dann leben wir in einem viel tieferen, in einem viel umfassenderen Sinn zu Lasten der Dritten Welt. Dies bedeutet aber auch das Todesurteil für uns! Wir haften mit!

ANMERKUNGEN

[1] Deutsche Welthungerhilfe: *Lomé III* (Kritische Analysen zum Verhältnis der Europäischen Gemeinschaft gegenüber der Dritten Welt) Bd. 1, Bonn 1984, S. 37.
[2] Helmut Gollwitzer: Warum ich als Christ Sozialist bin? In *Kirche und Sozialismus* (Helmuth Flammer, Hrsg.) Gütersloh 1981 (Gütersloher Taschenbücher/Siebenstern 1029) S. 91.
[3] Zitiert bei Malcolm Deas: Catholics and Marxists, in *London Review of Books* 19 (März 1981): Zitiert nach: P. T. Bauer: *Reality and Rhetoric*. Studies in the Economics of Development. Cambridge, Mass. 1984; S. 171. Deutsche Übersetzung: Die Vereinigten Staaten und Kanada sind reich, weil die Völker Lateinamerikas arm sind. Sie haben ihren Reichtum zu unseren Lasten geschaffen.
[4] Julius Nyerere: The Economic Challenge: Dialogue or Confrontation. In *African Affairs*. London April 1976; zitiert nach Bauer, ebenda, S. 171. Deutsche Übersetzung: In einer Welt, wie in einem Staat, ist es eine Sache des Rechtes, daß, wenn ich reich bin, weil Du arm bist, und ich arm bin, weil Du reich bist, Vermögen von den Reichen zu den Armen transferiert wird. Es ist nicht eine Sache der Barmherzigkeit ... Wenn die reichen Nationen weiterhin reicher und reicher werden – auf Kosten der Armen –, so müssen die Armen dieser Welt eine Veränderung verlangen, in der gleichen Art, wie das Proletariat in den reichen Ländern in der Vergangenheit einen Wechsel verlangt hat.
[5] Die Denkschriften der Evangelischen Kirche in Deutschland. Frieden, Versöhnung und Menschenrechte. Bd. 1/1. Gütersloh 1978 (GTB – Siebenstern 413).
[6] Bericht der unabhängigen Kommission für internationale Entwicklungsfragen (Nord-Süd-Kommission): *Das Überleben sichern*. Gemeinsame Interessen der Industrie- und Entwicklungsländer. (Mit einer Einleitung des Vorsitzenden Willy Brandt.) Köln 1980.
[7] Vgl. meinen Aufsatz: Eine Kritik an der neo-marxistischen Entwicklungsideologie. *factum* April 1982, S. 20–26. Dort befinden sich auch weitere Literaturhinweise. Die Ausdrücke Dependencia-Theorie und Abhängigkeitstheorie werden von mir synomym gebraucht.
[8] Vgl. u.a. Dieter Senghaas: *Weltwirtschaftsordnung und Entwicklungspolitik*: Plädoyer für Dissoziation. Frankfurt/M. 1977 (Suhrkamp).
[9] So schreibt Bruno Knall in seinem Übersichtsaufsatz »Entwicklungstheorien« in HdWW, Bd. II (1978) 421–435: »Allerdings ist nicht zu übersehen, daß zur Begründung der These unbestreitbare historische Tatsachen angeführt werden, die auf eine starke Prägung der Entwicklungsländer durch das koloniale Erbe hinweisen« (S. 433).
[10] Die Araber kolonialisierten Afrika, die Griechen den Mittelmeerraum, die Russen Teile Asiens, usw.

¹¹ Unter einem Kulturschock versteht man die teilweise oder vollständige Funktionsunfähigkeit eines sozialen Systems infolge eines Zusammenpralls mit einer fremden Kultur.

¹² Unter einer Politik der Importsubstitution versteht man, daß ein Land versucht, verstärkt die Produkte zu produzieren, die bisher importiert worden sind. Wenn die Entwicklungsländer verstärkt Luxusgüter und Güter des gehobenen Bedarfs importieren, dann verlangt eine Strategie der Importsubstitution die Produktion genau dieser Güter. Sie wird deshalb empfohlen, weil die Nachfrage durch die Importe feststeht; es muß nur eine Substitution der Produzenten stattfinden. Die Verdrängung ausländischer Importe stellt man sich als leicht vor, da man dies durch Verbote oder hohe Zölle erreichen kann.

¹³ Wesentliche Teile meiner Ausführungen verdanke ich den Vorlesungsunterlagen von Professor Dr. Hermann Sautter. Zu den Abhängigkeitstheorien vgl. auch: Wolfgang Ochel: *Die Entwicklungsländer in der Weltwirtschaft*. Köln 1982; hier insbesondere Kap. B: Theorien und Unterentwicklung, S. 65 ff. Ebenso Hermann Sautter: Unterentwicklung und Abhängigkeit als Ergebnisse außenwirtschaftlicher Verflechtung. Zum ökonomischen Aussagewert der Dependencia-Theorie; in Hans-Jürgen Puhle (Hrsg.); *Lateinamerika – Historische Realität und Dependencia-Theorie*. Hamburg 1977, 61–101.

¹⁴ Zum folgenden vgl.: Wolfgang J. Mommsen »Imperialismus« in HdWW Bd. IV. Stuttgart et al. 1978, S. 85–98.

¹⁵ Unter der organischen Zusammensetzung des Kapitals verstehen wir ein Maß für den Grad, in dem die Arbeit im Produktionsprozeß mit Material, Instrumenten und Maschinen ausgestattet wird. Wir würden heute unter konstantem Kapital die fixen Kapitalkosten eines Arbeitsplatzes verstehen und unter variablem Kapital die Lohnkosten. Wenn der Arbeitsplatz immer teurer wird, dann wird auch die Reproduktion des Arbeiters immer teurer, so daß – bei gleicher Arbeitszeit – der Mehrwert, die zeitliche Arbeit, die über der notwendigen Arbeit zur Reproduktion des nunmehr mit Maschinen besser ausgebildeten Arbeiters liegt, sinkt. Die Profitrate setzt sich aus dem Quotienten von Mehrwert und gesamten Kapital (konstantes und variables Kapital) zusammen. Bei sinkendem Mehrwert sinkt auch die Profitrate.

¹⁶ Die hier aufgeführten Punkte verdanke ich den Vorlesungsunterlagen von Herrn Professor Dr. Hermann Sautter.

¹⁷ Dies gilt ja auch bekanntlich für die Evolutionstheorie. Tatsachen, die sie in Frage stellt, werden unter den Tisch gewischt. Stimmen die Tatsachen mit der Theorie nicht überein, umso schlimmer für die Tatsachen!

¹⁸ Vgl. das Zahlenmaterial in W. J. Mommsen (1978) op. cit.

¹⁹ Vgl. Ochel (1982) op. cit., S. 99.

²⁰ Vgl. El-Shagi: Weltwirtschaftliche Dissoziation zwischen Industrie- und Entwicklungsländern? Eine kritische Auseinandersetzung mit der These von Senghaas. *List-Forum* 10:2 (Juni 1979) 112–130.

²¹ Unter dem Argument des Erziehungszolls versteht man den Zollschutz für eine aufzubauende einheimische Industrie, bis sie wettbewerbsfähig ist. Zum

Wettbewerb gehören bekanntlich gleich starke Partner. Ich werde mit einem Kleinkind keinen Wettlauf machen, da das kleine Kind keine Chance hat. So muß ein Land, das am Beginn seiner Industrialisierung steht, seine Industrie schützen. Ist sie aber wettbewerbsfähig geworden, dann muß der Zoll abgebaut werden. Leider ist es in den Industrieländern üblich geworden, sterbende Industrien zu schützen (Erhaltungssubventionen).

[22] P. T. Bauer (1984) op. cit.; vgl. insbesondere Kap. 6: Black Africa, the Living Legacy of Dying Colonialism, S. 90 ff.

[23] Vgl. den Exkurs: Der gerechte Preis, S. 38 ff.

[24] Es kommt bei den komparativen Vorteilen eben nicht auf die absoluten Vorteile an. Ein Land mag zwei Güter jeweils teurer produzieren als das andere Land. Dennoch ist es lohnend, sich auf das Gut zu spezialisieren, was man günstiger herstellen kann. Durch den Import des anderen Gutes erreicht man dann dennoch absolut ein höheres Wohlfahrtsniveau und der Lebensstandard der Bevölkerung kann steigen.

[25] Unter externen Effekten versteht man die Auswirkungen von Handlungen eines Wirtschaftssubjektes auf ein anderes Wirtschaftssubjekt, die das andere Wirtschaftssubjekt selbst nicht beeinflussen kann, für die es nicht bezahlen muß oder auch keine Belohnung bekommt. Bringt ein Imker seine Bienen in die Nähe eines Obstgartens, so hat auch der Obstgärtner davon einen Gewinn, für den er nicht zu bezahlen hat. Verschmutzt eine Firma das Wasser in einem Bach, so wird ein Fischereibetrieb, der unterhalb dieser Verschmutzungsstelle liegt, eine ökonomische Einbuße erleiden, für die er im Allgemeinfall nicht kompensiert wird. Externe Effekte sind mit ein Grund für die Umweltverschmutzung.

[26] Zum gerechten Preis vgl.: Rudolf Kaulla: Die Lehre vom gerechten Preis in der Scholastik. *Zeitschrift für die gesamte Staatswissenschaft.* Bd. 60 (1904), 579–602; Bernhard W. Dempsey: Just Price in a Functional Economy. *American Economic Review* 1935, 471–486; Samuel Hollander: On the Interpretation of the Just Price. *Kyklos* 18:4 (1964). 615–634; Raymond de Roover: The Concept of the Just Price: Theory and Economic Policy. *Journal of Economic History* 18 (1958) 418–434.

[27] Alfred Müller-Armack: Der Moralist und der Ökonom – Zur Frage der Humanisierung der Wirtschaft. *ORDO* 21 (1970) 19–41.

[28] Vgl. auch Peter Koslowski: *Ethik des Kapitalismus.* Tübingen 1982 (Vorträge und Aufsätze des Walter Eucken-Instituts, Bd. 87).

[29] Zur Bienenfabel vgl. die Ausführungen in: Werner Lachmann: *Ausweg aus der Krise.* Fragen eines Christen am Marktwirtschaft und Sozialstaat. Wuppertal 1984 (R. Brockhaus), S. 56–60.

[30] Vgl. auch die Beiträge von Manfred Dewes, Reimar von Alvensleben, Stefan Tangermann, Theodor Dams und Hildegard Rapin in *Der Überblick* 19:1 (März 1983), in denen zur These »Hunger durch Überfluß?« Stellung genommen wird; ebenfalls auf die Beiträge in Heft 19:4 (Dezember 1983) mit dem Titel: Noch einmal: Hunger durch Überfluß? sei hingewiesen.

³¹ Vgl. auch: Werner Lachmann: Effizienz versus Sozialpolitik – Wirtschaftstheoretische Grundlagen einer armutsorientierten Agrarpreispolitik und empirische Ergebnisse am Beispiel des »food stamp scheme« von Sri Lanka; in: *Erzeugerorientierte Markt- und Preispolitik in den ärmsten Entwicklungsländern* (E. Zurek, Hrsg.) Bonn 1984 (Bericht der Deutschen Stiftung für Internationale Entwicklung – Zentralstelle für Ernährung und Landwirtschaft), S. 153–174.

³² Vgl. Werner Lachmann: Nachfrageaugmentierende Bedürfnisstrategien und ihre externe Finanzierung. Dargestellt am Beispiel eines food stamp-Programms. *Zeitschrift für Wirtschafts- und Sozialwissenschaften* 102:1 (1982) 53–76. In diesem Aufsatz finden sich viele Literaturhinweise, auf die der interessierte Leser verwiesen wird. Vgl. auch Werner Lachmann: Das »food stamp programme« von Sri Lanka – ein Beitrag zu einer Grundbedürfnisstrategie? *Internationales Asienforum* 12:4 (1981) 341–352.

³³ Zum einfachen Lebensstil vgl.: Ronald J. Sider: *Der Weg durchs Nadelöhr*. Reiche Christen und Welthunger. Wuppertal 1978; Helmut Burkhardt (Hrsg.): *Einfacher Lebensstil – ein neuer Maßstab?* Thesen zur Evangelisation und sozialer Gerechtigkeit. Wuppertal 1981; ebenfalls: *Einfacher Leben ist nicht einfach* – Perspektiven für Christen. Wuppertal 1980 (Aussaat-Verlag: ABCteam); Werner Lachmann: Eigentum, Besitz und die Frage nach der sozialen Gerechtigkeit. *factum* 5:1984 (Mai 1984) 8–19.

³⁴ *Alle Welt soll sein Wort hören*. Lausanne-Dokumente, Bd. 1 (TELOS-Dokumentation) Neuhausen-Stuttgart 1974 (Hänssler-Verlag) und *Lausanne geht weiter*. Lausanne-Dokumente (TELOS-Dokumentation). Neuhausen-Stuttgart 1978 (Hänssler-Verlag).

³⁵ Aus: *Einfacher Lebensstil – ein neuer Maßstab?* a.a.O. S. 79 ff.

³⁶ Vgl. Siegfried Bethke: Nahrungsmittelhilfe – ein Negativfaktor? *Außenpolitik* 31:2 (1980) 180–196.

³⁷ Literaturhinweise befinden sich in: Werner Lachmann: Möglichkeiten und Grenzen der Nahrungsmittelhilfe. *factum* 3/1983 (März 1983) 3–12.

³⁸ Die Daten stammen aus den Geschäftsberichten der Deutschen Bundesbank 1983 bzw. 1984 und dem 6. Bericht zur Entwicklungspolitik der Bundesregierung.

³⁹ Vgl. Werner Lachmann: Entwicklung muß von innen kommen. Biblische Perspektiven zur Entwicklungshilfe. *factum* 11/12 1981 (November/Dezember 1981); 18–27.

⁴⁰ Vgl. Gunnar Myrdal: *Asiatisches Drama*. Eine Untersuchung über die Armut der Nationen. Frankfurt 1973 (Suhrkamp). Es handelt sich hierbei um eine Kurzfassung des großen dreibändigen Werkes von Myrdal.

⁴¹ Vgl. (μετάνοια) (metanoia) in: *Theologisches Begriffslexikon zum Neuen Testament*. (THBLNT) Bd. I, Wuppertal 1977. S. 72 ff. Metanoien (μετάνοιεν) deutet an, daß man nachträglich über eine Sache anders zu denken gelernt hat. Vgl. Michel in: *Theologisches Wörterbuch zum Neuen Testament* (ThWNT). Stuttgart 1942. Bd. IV. S. 630.

[42] Vgl. auch μετανοέω, μετάνοια in ThWNT Bd. IV, S. 972–1004.
[43] Insbesondere S. 983. Vgl. Harold W. Turner. African Independent Churches and Economic Development. *World Development* 8:7/8 (Juli/August 1980) 523–533. Er zeigt in seinem Beitrag auch auf, wie stark dieser wichtige Faktor im politischen Bereich der Entwicklungsplanung übersehen wurde. Der Aufsatz enthält einige gute Beispiele aus Afrika.
[44] Vgl. auch Werner Lachmann: Maßstäbe wirtschaftlichen Handelns. *factum* 11/12 1984 (November/Dezember 1984). 38/46. In Kürze wird auch ein Buch im Hänssler-Verlag zu diesem Thema erscheinen.
[45] Klaus Bockmühl: Kirche und soziale Verantwortung – Zur Frage Kirche und Sozialismus. In Flammer, op. cit. S. 98–111.
[46] Zur Verknüpfung der Schuld- und Machtfrage vgl. Karl Heim: *Jesus der Weltvollender.* Wuppertal. 1975, S. 28 ff. Zur Armut als Folge der Sünde vgl. den Artikel »Armut« in *Religion in Geschichte und Gegenwart* (RGG) Bd. I. Tübingen 1957. S. 622 ff., insbesondere S. 627.
[47] »Glaubensgewißheit« und öffentliche Verantwortung, Bibelarbeit von Professor H. W. Wolff über Micha 2 und 3; *Porta* 24 (Winter 1977/1978) S. 16.
[48] John W. Kurtz: *Johann Friedrich Oberlin. Sein Leben und Wirken.* Metzingen/Württ. 1982 (Ernst Franz).
[49] Vgl. auch den Artikel »Sünde und Schuld« in der RGG, Bd. VI, 476–505.
[50] Quelle: *Our daily bread* 1/25/85.
[51] Einige Handschriften haben hier glätten wollen; so haben sie ein »μη« (nicht) eingebaut, so daß Abraham *nicht* auf den erstorbenen Leib seiner Frau sah. Die Fassungen ohne diesen Zusatz sind wohl die ursprünglicheren und stehen im Sinne des Kontextes.
[52] Vgl.: Walther Zimmerli: *Ezechiel.* Neukirchen 1979 (Biblischer Kommentar – Altes Testament) 2. Teilband: Zur Stelle, S. 808.

GLOSSAR

Allokation: Knappe Ressourcen müssen bestmöglich eingesetzt werden. Jede Aufteilung der Ressourcen für bestimmte Produkte nennt man eine Allokation dieser knappen Ressourcen.

Einkommenselastizität der Nachfrage: Unter einer Elastizität verstehen wir jede prozentuale Änderung aufgrund einer prozentualen Veränderung einer verursachenden Größe. Ändert sich das Einkommen um 1 %, dann gibt die Einkommenselastizität der Nachfrage an, um wieviel Prozent sich die Nachfrage nun verändert.

Faktorentlohnung: Unter der Faktorentlohnung verstehen wir die Entlohnung der eingesetzten Faktoren bei der Produktion, bspw. der Lohnsatz beim Faktor Arbeit oder der Zinssatz beim Faktor Kapital bzw. die Pacht beim Faktor Boden.

Faktorpreisausgleichstheorem: Unter gewissen idealen Voraussetzungen kommt es bei freiem Handel zu einem Ausgleich der Faktorentlohnungen. Wenn die Waren frei exportiert und importiert werden können, werden sich die Lohnsätze in den einzelnen Ländern angleichen.

FAO: Ernährungs- und Landwirtschaftsorganisation der Vereinten Nationen (Food and Agriculture Organisation of the United Nations), die am 16. Oktober 1945 als Sonderorganisation der VN mit Sitz in Washington (jetzt in Rom) gegründet wurde, und die z.Zt. 152 Mitglieder hat.

Sektorale Heterogenität: Hierunter ist das Phänomen des Dualismus zu verstehen: Die Entwicklungsländer unterteilen sich in einen modernen Sektor, der nach westlichen Maßstäben organisiert ist und in den ländlichen Sektor, der nicht vom Entwicklungsprozeß erreicht worden ist. Beide Sektoren leben unverbunden nebeneinander her.

Komparative Vorteile: Jedes Land sollte nach diesem Theorem die Güter produzieren, für die es am besten geeignet ist. Es hat dann – vergleichsweise – einen Vorteil gegenüber den anderen Ländern, die dieses Produkt ebenfalls produzieren können.

Subsistenzsektor: Es handelt sich hierbei um die landwirtschaftliche Produktion, die primär oder vollständig der Eigenversorgung dient und demzufolge nur in geringem Maße Märkte beliefert. Sie verbleibt außerhalb des monetären Kreislaufssystems einer Volkswirtschaft.

Vierte Welt: Die unterschiedlichen Voraussetzungen in den Entwicklungsländern – verbunden mit den unterschiedlich verlaufenden Entwicklungsprozessen – führten zu einer Differenzierung der Dritten Welt in verschiedene Länderkategorien. Unter der Vierten Welt sind die besonders rohstoff-, kapital- und exportschwachen Entwicklungsländer zu verstehen, die am wenigsten entwickelt sind und oft mit LDC abgekürzt werden. Diese Abkürzung kommt aus dem Englischen »least developed countries« und bedeutet: die am wenigsten entwickelten Länder.

Werner Lachmann
Ausweg aus der Krise
Fragen eines Christen an Marktwirtschaft und Sozialstaat
80 Seiten, R. Brockhaus Taschenbuch, Bestell-Nr. 20369

In einem ersten Teil soll zuerst mit Hilfe einiger Zahlen die gegenwärtige Lage der Weltwirtschaft geschildert werden. In einem zweiten Teil wollen wir auf Lösungsmöglichkeiten, die bisher in der Wirtschaftspolitik ausprobiert worden sind, hinweisen und zeigen, warum sie haben scheitern müssen. In einem dritten Teil müssen wir darüber sprechen, daß wir in einer ethisch-moralischen Krise leben. Nach einem Grund für diese ethisch-moralische Krise suchen wir dann im Teil vier. Anschließend haben wir zu überlegen, wie die bestehende Krise überwunden werden kann. In einem sechsten Teil sollen Überlegungen zu einer Theologie der Sozialen Marktwirtschaft entfaltet werden, die abschließend, in einem siebten Teil, anhand einiger konkreter Vorschläge aktualisiert werden. In dem vorliegenden Band werden also Überlegungen zu der Frage angestellt, wo wir zur Überwindung der gegenwärtigen gesellschaftlichen Krise ansetzen sollten. W. L.

W. Lachmann / H. Egelkraut / H. Sautter
Die Krise der Arbeitsgesellschaft
Chancen und Grenzen christlicher Verantwortung
96 Seiten, TVG-Paperback, Bestell-Nr. 29512

Prof. Dr. Werner Lachmann erläutert einige Ursachen der hohen Arbeitslosigkeit und erörtert anschließend gängige Lösungsvorschläge. Einen breiten Raum nimmt die Diskussion der Arbeitszeitverkürzung als Mittel zu einer gerechten Umverteilung der vorhandenen Arbeit ein.
Wieso trifft die Arbeitslosigkeit das Selbstwertgefühl des Menschen? Welche Bedeutung sollte die Arbeit für ihn haben? *Dr. Helmuth Egelkraut* beantwortet diese Fragen anhand alt- und neutestamentlicher Texte. Seine kirchen- und dogmengeschichtlichen Ausführungen reichen von der Urkirche bis zu Karl Barth und Klaus Bockmühl.
Prof. Dr. Hermann Sautter geht der Frage nach, welche Antwort Christen auf das Problem der Arbeitslosigkeit geben können, und diskutiert die Frage nach einer anderen Wirtschaftsordnung. Er stellt das Verhalten der »Solidarität« vor und einige von Christen initiierte Projekte zur Überwindung der Arbeitslosigkeit. aus dem Vorwort

R. BROCKHAUS VERLAG WUPPERTAL

Aus unserer TVG-Reihe »Theologie und Dienst« und aus der »Allgemeinen Reihe«:

Karl-Heinz Michel
Sehen und Glauben
Schriftauslegung in der Auseinandersetzung mit Kerygmatheologie und historisch-kritischer Forschung
64 Seiten, TVG-Paperback, Best.-Nr. 29031
Die Predigtnot unserer Tage resultiert aus einer theologischen Verarmung. In diesem Buch entwickelt der Verfasser Leitlinien für eine Kurskorrektur.

Karl-Heinz Michel
Zeichenhaft leben
Biblische Richtlinien zu Arbeit und Besitz
64 Seiten, TVG-Paperback, Best.-Nr. 29024
Der heute in vielen Kreisen zitierte »alternative Lebensstil« ist nicht nur eine Mode oder Masche, er ist geboren aus der Angst um die Zukunft unserer Welt. Der eigentliche Wurzelboden ist die Bibel selbst, sowohl das Alte Testament mit seinen Aussagen über die Landgabe und ihre Verpflichtungen, die Befreiung aus der Knechtschaft und ihre Konsequenzen, als auch das Neue Testament mit seinem Aufruf zu einem neuen, zeichenhaften Leben.

Heinzpeter Hempelmann
Die Auferstehung Jesu Christi – eine historische Tatsache?
Eine engagierte Analyse
96 Seiten, TVG-Paperback, Best.-Nr. 29504
Dieses Buch möchte als »glaubens- und Argumentationshilfe« dienen, indem es die historische Glaubwürdigkeit der neutestamentlichen Osterbotschaft aufweist. Es geht hier nicht um irgendein verstaubtes Dogma, sondern um das Zentrum des christlichen Glaubens.

Wolfgang Müller
Kumpel vor der Kirchentür
Kirchengemeinde und Arbeiterschaft. Eine Studie
112 Seiten, TVG-Paperback, Best.-Nr. 29501
Diese Studie umreist die geschichtlichen Wurzeln der Entfremdung, bemüht sich aber vor allem, Wege zu einer »arbeiterbezogenen« Gemeindearbeit aufzuzeigen.

TVG, R. BROCKHAUS VERLAG WUPPERTAL
BRUNNEN VERLAG GIESSEN UND BASEL